일러두기
원작자가 작성한 각주는 초록색 번호로 표시하고 페이지 아래쪽에 표시했습니다.
편집자주는 따로 원작자주와 구분하여 명시했습니다.
일부 외래어 표현은 원어와 병기했습니다.

젠더 유니버스
: 정체성을 탐험하는 당신을 위해

2018년 8월 24일 1쇄 발행 | **지은이** 미스핏츠 | **기획 및 편집** 김수연 이영은 이수련 | **디자인** 김수연
펴낸곳 (02477) 서울특별시 동대문구 안암로 86-1(제기동, 은성빌딩), 코워킹스페이스 업타운서울 307호
메일 misfits@misfits.kr | **웹사이트** http://misfits.kr | **사업자등록번호** 701-32-00119
인터넷신문등록번호 서울 아 03364 | **출판사등록번호** 251002017000026

©미스핏츠(MISFITS)
이 책의 저작권은 미스핏츠에게 있으며 무단 전재와 복제는 법으로 금지되어 있습니다.
본문에 사용된 취재 사진은 모두 미스핏츠가 프레스 허가를 받고 촬영한 사진입니다.

본 책을 펴내며 (주)산돌커뮤니케이션의 산돌구름 플러스를 이용했습니다.

젠더 유니버스

미스핏츠 지음

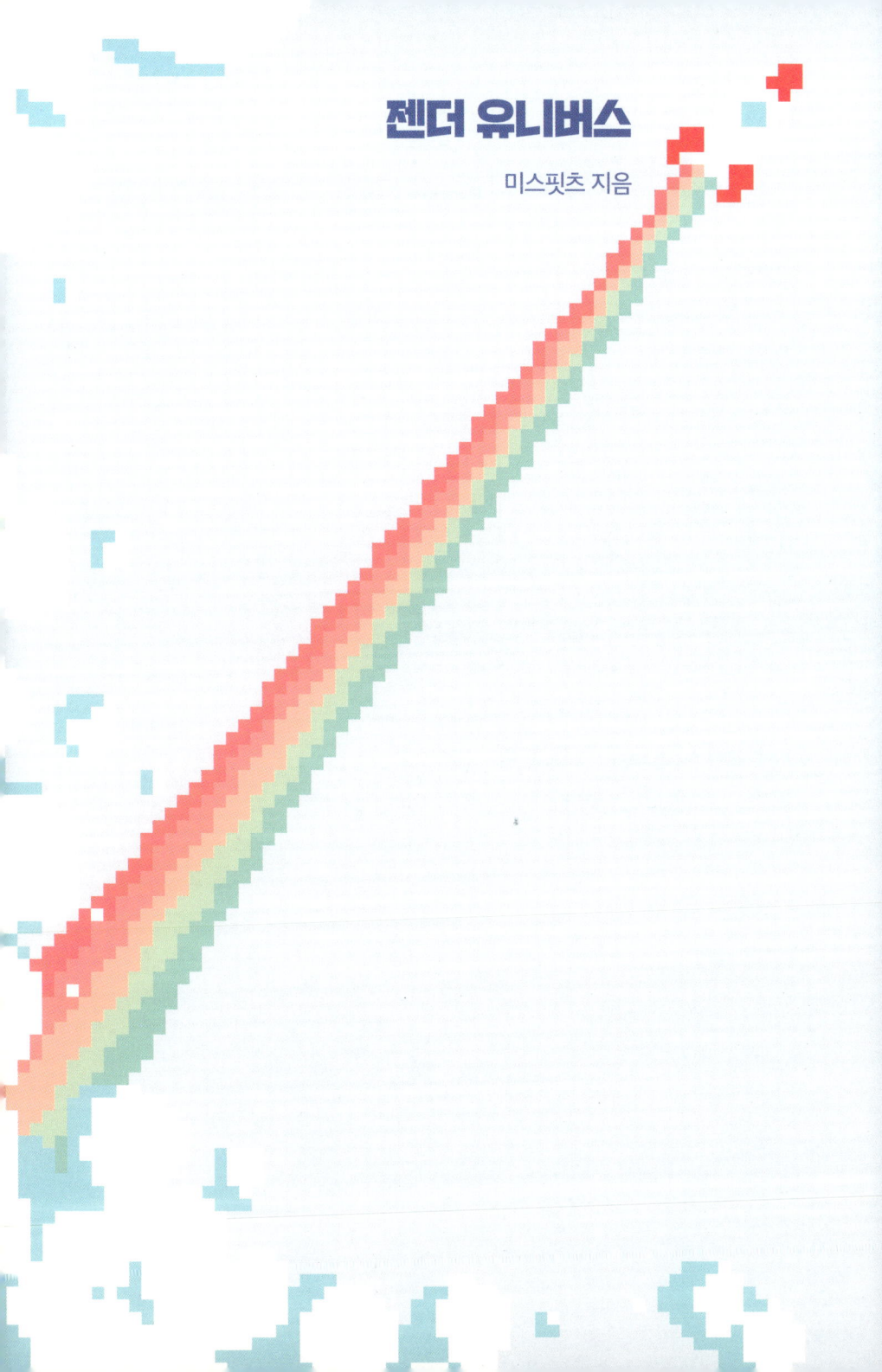

목차

들어가며	7

1. PUSH THE BOUNDARIES 퀴어서사토크콘서트   10

용어와 운동	14
이미지화와 대상화	18
'패션퀴어'와 커밍아웃	22
미디어와 캐릭터	27
주체성과 소통	29
정체성과 질문	33
아카이빙과 당사자	35
소수자와 경계	38
고민과 질문	40
재현, 서사 만들기	42

2. 국내외 퀴어축제 취재 후기   50

도쿄레인보우프라이드2018	52
'나'를 넘어 '너'를 보는 과정	56
제 10회 대구퀴어문화축제	60
'보수의 성지'에서 '퀴어의 축제' 하기	64
대구퀴어문화축제를 개최하기까지	68
제 19회 서울퀴어문화축제	74
일본인 여자친구와의 첫 서울퀴퍼 데이트	78
우리 무지개길만 걸어요	83
제 1회 인천퀴어문화축제	88
그래도 "우리는 여기 있다"	92

3. #私は黙らない: 일본 신주쿠 성차별반대집회   **100**

우리 모두의 목소리   104
후쿠다 와카코씨의 발언   108

4. 삿포로레인보우프라이드 실행위원회 인터뷰   **112**

5. 지금, 한국의 젠더 담론은   **138**

한국의 젠더 담론을 돌아보다   142
우리는 이길 것이다, 이겨야 한다, 이길 수밖에 없다   152

6. UTOPIA   **166**

들어가며

2014년부터 지금까지 독립 미디어로 활동을 이어온 미스핏츠의 두 번째 책입니다. 불안정하고 끊임없이 변화하는 사회 속에서 작게 존재하더라도 포기하지 않으려 마음을 먹고 여기까지 왔습니다. 성소수자 관련 기획 작업들을 쌓아가면서 때때로 정체성의 바람직한 형태를 이미 마음 속으로 정의하고 있지는 않나 돌아보려 했습니다. 좋은 팀원들과 필진분들이 계셔서 스스로 부족하다는 느낌에 휩싸여도 더 나은 작업으로 나아가게 되는 용기를 얻을 수 있었습니다.

아카이빙 프로젝트의 일환으로 두 번째 책을 낸 경위는 첫 번째 책과 크게 다르지 않습니다. 1년 단위로도 담론이 흘러가는 모습은 달라집니다. 저희는 특히 휙휙 바뀌며 빠르게 흐르는 젠더 담론에 주목해보았습니다. 전부 담아내지는 못하더라도 미래에 이 글을 보고 당시 모습을 기억해내고, 다시 공유하며 의미를 남기는 작업을 하고 싶었습니다. 2018년의 젠더 이미지는 어떤 모습이었냐고 물어봤을 때 명쾌하게 답을 하지 못하더라도 어떤 모습들이 공존하고 있었는지 이야기를 나눠보는 모습을 그렸습니다.

2018년 3월 15일, '퀴어문화축제 (KQCF, Korea Queer Culture Festival)'는 '서울퀴어문화축제 (SQCF, Seoul Queer Culture Festival)'로, '퀴어문화축제조직위원회'는 '서울퀴어문화축제조직위원회'로 공식 명칭을 변경했습니다. 그동안 퀴어문화축제라고 하면 당연히 서울에서 열리는 행사로 인식되었지만 이제는 서울을 넘어 대구, 부산, 제주, 전주, 광주, 인천 총 여섯개의 지역에서도 각 지역의 조직위원회가 기획한 퀴어문화축제가 개최되거나 개최될 준비를 하고 있습니다(2018년 9월 기준). 이렇게 지금은 서울 외 지역에도 조직위원회가 존재하고 있기 때문에 서울퀴어문화축제조직위는 '퀴어문화축제조직위원회'가 다른 지역 위원회의 상위 조직으로 오인받는 사례가 있어 이러한 명칭 변화가 생겼다고 공식 채널을 통해 밝혔습니다. 이는 더이상 퀴어 담론이 수도권에만 국한되지 않고 전국을 향해 확장되고 있는 의미 있는 현상이라고 느꼈습니다. 그런 변화의 흐름을 이번 책에 함께 담아내고 싶었습니다.

현혹되기 쉬운 단순한 표현과 정의를 넘어 공동체 속에 존재하고 다양한 양상으로 나타나는 모습을 기록해보고자 했습니다. 그 과정에서 '우리'와 '그들'이라는 손쉬운 이분법으로 구분하는 것을 최대한 지양했습니다. 정치적인 구호의 혼재 속에서 흔들리지 않고 다양한 정체성을 언어화하고, 다층적인 의미를 함께 바라보고자 했습니다. 이번 시도가 그런 목표들을 잘 담아냈는지는 독자분들의 판단에 달려있습니다. 미스핏츠는 사람을 쉽게 대상화하지 않고, 적극적으로 자신을 탐구하고 상대를 이해하고자 하는 노력의 힘을 믿습니다. 그런 노력들이 지금 살고 있는 사회의 시민의식과 품위를 더 높일 수 있다고도 믿고, 그에 이 책이 기여할 수 있기를 바랍니다.

졸업전시, 직장생활에다가 책 작업까지 병행한 디자이너 수연, 결국 대학원에 진학해버린 에디터 영은에 먼저 고생했다고 격려하고 싶습니다. 평균 나이 23세로 각자의 영역에서 열심히 활동하며 미스핏츠의 멤버로서 함께 살아남은 화담, 린, 정현에도 애정의 인사를 전하고 싶습니다. 퀴어문화축제 부스로 나갈 때에도 응원해주시던 어머니 아버지, 미스핏츠에 도움주신 수많은 분들, 특히 믿고 후원해주신 텀블벅 후원자님들과 늘 애정을 가지고 지켜봐주시는 미스핏츠 독자분들께도 다시 한 번 감사의 말씀 드립니다.

2018년 9월 월계동에서
미스핏츠 대표 이수련

<Push the Boundaries>

<Push the Boundaries> 토크콘서트 포스터

2017년의 가을밤, 미스핏츠의 3주년과 『새삼스레』의 출판을 기념하며 'Push the Boundaries'라는 이름의 토크콘서트 자리를 마련했습니다.

『새삼스레』 책에서 느낀 퀴어 언어화의 의미, 퀴어로서의 정체화에 대한 이야기, 청년 스스로 자기 자신으로 설 수 있는 주체성, 지금 이 시대의 창작자이자 기록자, 당사자로서 퀴어 담론을 다룬다는 것에 대한 생각과 고민을 활발히 나눌 수 있었던 시간이었습니다. 성소수자들의 이야기를 담고 더 많은 사람이 스스로에 대해 프라이드를 가질 수 있기를 바라는 마음으로 진행했던 그 날의 행사. 그 때 나온 이야기들을 정리해보았습니다.
(본문에서 각자 소개가 포함된 도입부 내용은 생략합니다.)

참가 패널 소개

봉레오
유튜버 겸 퀴어 팟캐스트 레주파^{LEZPA} 작가.
2017년 5월 30일 PD수첩 방송분 <성소수자 인권 나중은 없다> 편 출연, 국제엠네스티 한국지부×허프포스트코리아 주최 '퀴어토크' 패널 참여.

루인
한국퀴어아카이브 퀴어락 상근활동가 및 트랜스/젠더/퀴어연구소 선임연구원.
『트랜스젠더의 역사』(수잔 스트라이커 지음. 이매진. 2016) 옮김. 2016년 이매진, 『여성혐오가 어쨌다구?』(현실문화. 2015), 『양성평등에 반대한다』(교양인. 2017), 『한국 남성을 분석한다』(교양인. 2017), 『피해와 가해의 페미니즘』(교양인. 2018) 공저.

용어와 운동

그 어느 군데에도

봉레오 그럼 먼저 퀴어에 관한 이야기를 해 볼 건데요. 현재 대한민국에서 퀴어가 가지고 있는 위치에 대해서 얘기해볼까요?

루인 어떻게 이야기를 해야 할까 고민되네요. 어느 쯤에 위치할까, 라고 한다면 모든 곳에 위치하고 있구나, 라고 느꼈어요. 왜냐하면 대통령이 동성애에 대해 반대하고 싫어한다고 말하던 게 논의의 한 축에 있고, 다른 한 편으로는 해운대, 즉 부산의 중심에서 무슨 퀴어 퍼레이드냐는 비난들이 나오기도 했죠.[1] 내용에 대해선 많이들 아시겠지만 충격적이라거나 어린 애들의 눈을 가리고 귀를 가리고 못 보게 하겠다는 태도도 있었고 인권이 아니라 죄, 질병의 문제라는 이야기들도 논의의 한 축에 있었어요. 근데 또 한 축에서는 동성애만이 아니라 양성애, 범성애 등의 복잡하고 각자 매우 다른 성소수자 간의 이야기까지 나오고 있죠. 완전히 다른 이야기가 2017년까지도 동시다발적으로 나오고 있었어요. 단지 이쪽에는 이런 이야기가 있고 저쪽에는 이런 이야기가 있다, 이런 정도가 아니라 많은 이야기들이 확장되어 나올 수 있게 된 거죠.

2010년대에 들어서고 나서부터 훨씬 더 복잡하고 많은 논의들이 폭발적으로 나오고 있는데요, 이 논의가 어떻게 배치되어야 할 것이냐는 소리를 꽤 많이 들었어요. 새로운 정의와 범주가 등장하는 가운데 사실 아무도 모르는데 안다고 생각하고 말하게 될 수 있거든요. 근데 젠더퀴어와 관련해서 뭔가 알아야 할 것만 같은 용어가 등장하기 시작하면서 그 용어의 정의에 갇히게 되는 현상이 일어나고 있어요. 활용을 하되 그 방식을 어떻게 할 것인가 하는 고민이 들고 있습니다.

봉레오 최근 여성혐오 관련한 이슈 중 '그러면 여성을 무엇으로 규정할

---

1. 부산퀴어문화축제 vs 동성애 반대 집회 "충돌 우려", 프레시안, 2017. 09. 19, www.pressian.com/news/article.html?no=169872

것인가'하는 이야기가 자주 나오잖아요. 여성으로서의 삶이 이야기될 때 "생리를 얼마나 했느냐"는 주제가 나온다면, 생리를 시작하지 않은 여성은 그럼? 아직 청소년인 이들은? 아직 유아 상태인 시스젠더[2] 여성은 여성이 아닌가? 이런 식의 비판이 따라와요. 이렇게 발전하는 반면 어디서는 차별금지법 서명을 받는데 "여기에 동성애가 포함되어 있나요? 그럼 전 갈게요" 하고 지나쳐버리는 일들도 있죠. 루인님 말씀처럼 굉장히 여러 가지가 얽혀있는 것 같아요. 어느 하나를 칼로 자르듯이 깔끔하게 해결하고 넘어갈 수 없고요. 그럼에도 계속 이야기가 나오는 게 흥미롭고, 그래도 이야기 나올 수 있을 정도가 되었구나 하는 생각에 기쁘더라고요. 부산퀴어문화축제에서는 서울도 아니고 부산인데 레즈비언 이야기가 퀴어 혐오세력에서 나오기 시작하더라고요. 그간 비난은 남성 동성애자 중심으로 가고 있었잖아요.

그들만큼 가시화에 노력하는 사람들이 또 없어요.(웃음). 가시화에 가장 앞장서시는 어둠의, 또다른 퀴어문화축제 팀이라 볼 수 있는 그분들께서 레즈비언 언급을 했으니, 내년에는 젠더퀴어까지 확장될 수 있지 않을까 이런 기대감을 약간

2. 생물학적 젠더가 심리적 젠더와 일치하는 것

가지게 되더라고요. 그러면 운동이 어떤 방향으로 가면 좋을지 혹시 생각해보신 적 있나요? 이 이야기가 듣고 싶었거든요. 지금의 퀴어문화는 아무래도 남성 동성애자 중심으로 좀 갇혀있다는 비판이 있잖아요. 그러면 남성 동성애자들은 어떤 이미지로 대상화되는지, 혹은 퀴어라는 집단은 어떤 이미지로 대상화되는지에 관한 루인님의 생각이 듣고 싶어요.

비판의 화살을 스스로에도 쏠 수 있어?

루인   운동은 어떻게든 흘러갈 것이고 그 방향은 누구도 예측 불가해요. 성중립 화장실부터 트랜스 이슈까지, 그 과정에서 어떤 고민이 나오고 어떻게 흘러갈 것인지는 저도 확실히 모르겠어요. 이를테면 공동의 성소수자 운동이 있을 때, 누가 할지, 어떻게 가시화하면서 대표성을 띨 수 있을지 계속 비판이 나올 때가 있잖아요. 일부만 이야기했는데 마치 다 이야기한 것 같은 그런 이야기들. 이와 관련해서 비판이 존재하고, LGBTAIQ[3] 외의 퀴어 등 어마하게 많은 범주들이 존재하고 있는데 그 범주 각자가 더 많은 목소리를 내거나 덜 내거나 하는 차이도 있어요. 나중에 다시 이야기를 하겠지만, 퀴어 커뮤니티 내부에서 퀴어에 대한 혐오가 훨씬 더 많이 발생하는 것에 대한 논의들이 있어요. 논쟁이 발생하다가 그 과정에서 비판점이 생기는데 그게 매우 중요하다고 생각해요. 그런 비판이 시작되었을 때 내가 아는 범주보다 얕다고 해서 자신의 범주를 전도하거나, 스스로를 피해자화하거나, 그렇게 내가, 이를테면 젠더퀴어이자 트랜스젠더인 내가 동성애 중심애자들을 비판하는 과정에서 트랜스젠더를 대상화하는 이미지를 새롭게 만들어내고 있는 건 아닌가 하는 고민이 필요해요. 나의 비판은 언제나 정답인가? 그렇다면 나는 절대적으로 옳은가? 하고요.

    가장 첨예한 논의로 나오고 있는 여성 범주와 젠더퀴어 혹은 그 범주 일련에 관한 비판도 있어요. 젠더퀴어에 대한 특정한 이미지나 어떤 형식, 형질을 만들어냄으로써 틀을 만들어버리는 건 아닌가, 혹은 젠더퀴어라고 묶어 비판하거나 이야기해버릴 수 있다는 착시나 착각이 있었던 건 아닐까. 집요하게 고민하게 돼요.

[3]. Lesbian, Gay, Bisexual, Transgender, Asexual, Intersex, Questionary

운동은 끊임없이 흘러갈 거고 그 과정에서 무언가 비판할 때 스스로는 절대 건드리지 않는 것만은 피해야 하지 않을까요. 그에 대한 경계가 필요하다고 생각해요. 만약 그 경계를 놓친다면 정말로 또 다른 문제가 생기거나 그 논의에 인지되지 못했던 다른 누군가가 다시 삭제되는 일이 발생할 테니까요.

존재만으로도 운동하고 있는 기분이란

봉레오 제가 지금 하고 있는건 '지역에서 하는 퀴어 운동'이라고 따로 말해야 좀 더 적합할 만큼 다른 퀴어운동과 색이 완전히 다르다고 생각해요. 제가 서울에 있으면서 만난 사람들은 퀴어라는 말도 알고, 제가 퀴어인 것도 알죠. 지역에 있으면 아, 얘는 남자애구나 혹은 애는 머리가 짧고 목소리가 높은 여자애구나, 하고 사고가 끝나는 거예요. 퀴어라는 말조차 알려지지 않았고, 제가 퀴어라는 상상조차 못하는 환경이기 때문에 그곳에서 존재하는 것만으로도 운동을 하는 기분이긴 해요. 나의 존재를 알리고 주변 사람들을 만나며 운동을 하고 있지만 사실 퀴어에 대한 논의는 굉장히 더딘 상태예요.

지역에서 '당신의 지인이 커밍아웃을 한다면?'과 같은 캠페인을 했을 때 여기 참여하는 사람들이 예상할 수 있는 건 '나 동성애자야' 정도가 전부예요. 그런 상황에서 우리는 고민을 하는 거예요. 더 많은 정체성을 알릴 것인가 아니면 이미 존재하고 있는 동성애자에 대한 편견을 부술 것인가. 물론 두 가지 다 하면 좋겠지만 사실상 집중과 선택을 해야 하잖아요. 그러다보면 계속 고민에 부딪히는 거죠. 우리는 왜 이런 시대에 뒤떨어진 논의를 할 수 밖에 없는가, 이런 자조 섞인 말도 해요. 하지만 제가 생각하는 건 각자가 각자의 자리에서 할 수 있는 걸 하는 게 전부라는 거죠. 아까 말했듯이 너무나 해야 할 일이 많아요. 꼭 지역에서뿐만 아니라 서울에서도요. 여전히 '엄마 저 양성애자에요'라고 커밍아웃하면 '그래? 동성애자는 아니니 되었다'라는 식의 반응에 부딪쳐요. 그래서 이렇게 결국 지역에서도, 서울에서도 각자가 부딪히는 일에 대해 끊임없이 말하고 운동하고 고민을 멈출 수 없는 상황이라고 생각해요. 고민을 멈추지 않는 것이 하나의 운동이라고 보고요.

이미지화와 대상화

봉레오 그러면 운동에 대한 이야기는 잠시 넘어가보고 이미지에 대한 이야기를 해볼까 해요. 그에 대해 조금 본격적으로 들어가 보자면, 루인님이 아카이빙 작업들을 하시면서 퀴어에 관한 이미지가 바뀌어 온 것을 보셨잖아요. 그에 대해 이야기를 좀 해주실 수 있나요?

루인 아카이빙을 하는 데엔 기본적으로 여러 가지 목적이 있어요. 하나는 현재를 수집하는 작업, 그리고 또 하나는 역사를 만드는 작업이에요. 여기서도 여러 고민이 따라왔어요. 예를 들어 과거에 퀴어라는 용어는 1990년대 중반 PC통신 시절에 쓰이면서 나타나기 시작한 용어였어요. 그렇다면 그 용어가 쓰이기 전의 인물들은 LGBTAIQ 중 어떤 퀴어로 부를 수 있을까, 이를 어떻게 표현해야 하나가 중요하다고 말씀드리고 싶어요. 당시 젠더와 섹슈얼리티 규범에 포함되지 않는 사람들을 포괄하는 것에 대해서도 생각해보고요.

특히나 트랜스 여성은 한국 퀴어의 역사를 대체로 범죄의 역사라고 표현해요. 기록물을 찾아보면 대부분 범죄를 저질러 경찰에 잡혀 기사가 그 사람을 보게 되고, 그렇게 기사화되고, 트랜스 여성이 존재한다는 게 나타나고, 가시화되는 그런 흐름 때문에요. 6, 70년대 관련된 자료들을 찾아보면 많은 경우 범죄에 해당하는 형태로 나타나요. 경범죄에 해당하는 형태로 잡히거나 사기, 폭력 등 다양하죠.

그렇다면 여기서 생긴 고민은, 지금 퀴어는 전혀 그렇지 않다고 말하는 게 모순이 될 수도 있다는 점이에요. 퀴어는 범죄자도, 정신병자도 아니라는 이야기는 현재 퀴어에 대한 혐오발언들에 반대하며 여전히 많이 나오고 있는데, 그 말은 어떤 의미에서 발생한 것일까 하고 고민이 들어요. 이를테면 – 반드시 과거의 인물과 지금 인물이 연결되는 건 아니겠지만 – 과거의 인물들을 어떻게 해석하고 설명할 것인가 하는 거죠. 당시에 훌륭하고 칭송받던 인물들만이 '퀴어 역사에 이런 분이 있었지'하고 이야기되는 게 옳은 것인가. 범죄자 인물 또한 퀴어 역사의 인물로 소환해낼 것인가 하는 고민을 하게 돼요.

혹은 여전히 한 축에선 퀴어가 가없은 사람들로 나타나왔어요. 1955년 이후로 성전환과 관련된 기사가 성전환 1호, 2호, 3호…하는 식으로 많이 늘어났던 한편 '세상에 이런 일이' 하면서 등장했어요.

하리수가 등장할 때도 한국 트랜스젠더 1호 이렇게 이야기됐잖아요? 그 전에도 분명히 존재했었고 늘 존재하지만, '세상에 이런 일이'라는 말로 호명되면 내 주변에도 없고, 내 지식 속에도 없으며, 내가 알고 있는 상식 범위에도 없다는 의미에요. 우리 사회에서 존재하면 안 되는 어떤 것들로 인식되면서 역사상에서도 지워지는 존재가 되는 거죠. 그러면서 불쌍한 존재로 등장하는 거예요.

70년대 신문기사를 보면 재밌는 게, 미국 성소수자 운동이 그때 처음 시작된 것처럼 말해요. 하지만 이미 그 전, 66년도부터 등장했고 70년대에 이미 성소수자 단체가 만들어진 뉴질랜드의 사례도 있어요. 모로코에선 70년대 중반에 성전환 수술을 한 유명한 의사의 기사가 실리기도 하고요. 정말 많은 정보가 배출되고 있었어요. 그 와중엔 또 정말 힘들게 살았던, 기구한 삶을 산 트랜스젠더들의 이야기도 있었죠. 실제로 어떤 기사가 있었냐면 6.25 때 부모님과 생이별을 한 후 극단에 들어가 여장을 하고 여성 역할을 계속 하며 인기를 끌고 지금도 여성으로 살고 있는 분의 이야기가 있었어요. 여전히 남성으로 통하는 형태의 몸을 가지고 있고, 수술비가 없어 너무 힘들다고 하셨죠. 그리고 이런 분들이 얼마나 힘들게 살고 있는지를 알려주는 기사가 나왔어요. 그러면 며칠 뒤에 어떤 의사가 '내가 수술을 해주겠다' 라고 하는 기사가 나오는 식이죠. 그렇다고 차별이 없었냐 하면 전혀 아니에요. 차별이나 인식의 양상이 매우 달랐던 거죠.

70년대가 되면 유신헌법 때문에 성소수자 관련 내용이 확 줄어들며 존재하지 않았던 것처럼 보여요. 그런데 70년대 중반엔 이태원에 트랜스 클럽이 생겼거든요. 특수한 사례라고 생각되지만 분명 '존재했다'는 거죠.

80년대에 들어서면서 성소수자 관련 기사가 폭발적으로 증가했어요. 특이하게 박정희 정권 때 많이 드러났고, 특히 전두환 정권 때는 성소수자 관련 인터뷰 기사가 스물 몇 개 정도 돼요. 그 시기의 내용은 대체로 트랜스 업소와 관련된 거였어요. 물론 이야기는 비슷해요. 얼마나 힘들었고, 얼마나 희망이 안 보이는가.

거기서 기사는 끝이 나요. 희망이 없어도 살아갈 순 있거든요. 결은 다르지만 서사가 비슷해요. 1984년에 성전환자라고하는 사람과의 인터뷰가 화보와 함께 크게 실린 게 있어요. 내용이 어렸을 때부터 가출해서 힘들었고, 언니 옷을 입으면서 어쩌고… 내가 여성으로 살면서 수술하고 부모님을 찾아가고…. 이런 거죠. 지금과 비교해도 이런 서사나 현실은 왜 변화하지 않을까, 성소수자는 왜 전부 유사한 것처럼 인식될까 하는 고민이 들어요. 정말 같은 건지 모르겠는데 말이에요. 하지만 그런 식의 비슷한 서사들이 구축되어 있죠.

　　2010년대에 들어서면 앞선 담론에서 겪었던 것처럼 폭발적으로 뭔가가 나와요. 프라이드가 뭔지, 무엇에 대한 프라이드인지. 그런 이미지부터 2017년 등장한 젠퀴벌레[4] 로 불리는 이미지까지 구축되기도 하고요. 가시화를 시켜야하는지에 대한 논의도 함께 등장하는 복잡한 상황이죠. 그런데 또 이런 논의가 없어야 하는 건 아니에요. 6, 70년대에 범죄자로서의 퀴어가 많이 등장했는데 지금도 그 이미지가 강하게 존재하고 있으니까요. 트랜스 퀴어 중에서 호적상 성별에 반대하는 사람들이 범죄자로 인식되는 것을 보고, 성중립 화장실이 만들어지면 범죄화 될 것이라고 우려하는 목소리들을 들으며 여전히 퀴어에 대한 범죄 이미지가 견고하다고 느끼는 거죠. 이미지는 강렬함이 있는가하면 다른 한 축에선 계속 저러고 있구나 하고 익숙해 하는 걸 목격해요. 그래서 제가 기대하는 건 시간이 지날수록 훨씬 더 많은 이미지들이 나왔으면 하는 거고 그게 재미있겠다고 생각해요. 나중에 '그 시대의 퀴어 이미지는 어땠나요?' 하고 질문을 받으면 '몰라. 말할 수 없어. 너무 많아서 말 못해' 이렇게 대답할 수밖에 없는, 어떻게 이런 너무 다른 이미지가 함께 공존했지? 싶은 생각도 드는 시대가 되었으면 좋겠어요.

봉레오　퀴어에 대한 이미지는 다양하게 나오는데 서사는 비슷하다는 거죠.
루인　맞아요.

---

4. 젠더퀴어와 바퀴벌레를 조합한 성소수자 혐오표현

'패션퀴어'와 커밍아웃

봉레오 소위 '힙해보이려고 퀴어한다'는 말까지 나오는 상황이잖아요. '패션퀴어' 같은 말도 있고요. '홍대퀴어'라는 말도 있어요. '정치홍대병' 같은 말도 있어요. 지지율이 낮은 정치인을 힙해보이려고 지지한다거나 그런 거래요.

> '정치홍대병'이란 "정치인들 다 똑같아~" 라며 정치에 대해 아는 건 하나도 없으면서 정치에 학을 뗀 척 하면서 유토피아 건설을 주장하는 비주류 정치인을 지지하며 <시대보다 앞서 나가는 나> 놀이를 하는 사람들을 일컫는 것.
> - 정치홍대병을 언급한 트윗(2017.05)재구성

젠더퀴어에서도 에이섹슈얼과 같은 쪽은 이쪽은 힙해보이려고 퀴어한다. 뭐 이런 말을 하는 사람들이 있어요. 마이너리티^{비주류} 안에서도 마이너리티죠. 근데 그런 비판하는 사람들이 꼭 비非 퀴어는 아니에요. 게이 집단이 무성애자 집단을 공격하기도 하고 레즈비언이 젠더퀴어를 공격한 일이 있기도 하죠. 그런 일을 많이 목격하셨을 것 같은데 이야기 해주실 수 있나요?

루인 음… 방금 말씀하신 것처럼 사실 LGBTAIQ라고 쓰건 LGBT라고 쓰건 성소수자나 퀴어라고 쓰건, 동일한 이해관계를 가지고 있는 집단이 많지 않잖아요. 동성애자라고 해서 동일한 range^{범위}를 가질 수 없어요. 왜냐하면 그 내부에 일종의 선주민/이주민 논의와 같이 완전히 다른 식의 논의가 있거든요. '성소수자들끼리 왜 그러냐'는 말만큼 문제적인 발언이 없고 '성소수자가 하나의 의제를 선택할 수 있다'는 말만큼 위험한 것도 없죠. 사실 다른 범주에 대한 논의 속에서 매우 빈번하게 등장하는 지점이에요.

작년에 자기가 한국의 성소수자 운동 선구자라고 하던 어떤 잘난 척 심한 사람한테서 LGBT의 B^{Bisexual 양성애자}를 빈칸이라고 말하겠다는 얘기를 들었어요. 그 사람은 어느 수영장에는 동남아 사람들이 많아 물이 흐려져서 못 가겠다고 말하기도 했죠. 혹은 할 일이 많은데 왜 화장실 이슈나 다루고 있냐고 말하는 사람이 있다던가, 무성애나 젠더퀴어는 할 일 없는, 힙해보이려고 하는 것이라는 말까지. 정말 많이 등장하고 있어요.

    한편으로 이런 문제가 이른바 LGBTAIQ, 퀴어라고 불리는 집단에서 많이 등장하는 이유는 그나마 그 범주들이 있다는 것에 대한 지식이나 정보가 있기 때문이에요. '퀴어가 듣기 싫다'는 인식이라도 있을 때 그런 말이 나오는 것이니까요. 2년 전 여성 퀴어 궐기 대회를 진행할 때, 뭔가 반(反)퀴어 집단이 있을 거라 생각했는데 한 명도 안 오고 너무 조용했어요. 차라리 반대라도 해줘, 이런 생각까지 들었죠. 사실 인식이 없는 상태가 더 문제일 수도 있어요. 어쨌든 그걸 실감하는 태도에서 앞서 얘기했던 말들이 나오게 되는 거예요.

    왜 범주나 정체성이 필요한지가 중요하고, 이성애 규범에서 동성애가 억압받고 있으니까 무슨 말이든 할 수 있다는 태도가 어떻게 다른 범주에 대한 폭력이 되는가 하는 고민이 필요해요. 정말 그 고민이 중단되었을 때 운동이 어떻게 되어갈까요. 퀴어나 트랜스나 LGBTAIQ판에서는 어떤 이미지를 만들면서 하나의 유명인을 내세우려 하는 정치인들이 있어요. 그게 가시화 운동의 한 방법이긴 한데, 이 방식이 특정한 이미지를 만들어내죠. 퀴어가 센스가 넘쳐서 나에게 멋진 옷을 골라줄 것이라는 그런 이미지들이 계속 생산되면서 문제가 되곤 해요.

    예를 들면 퀴어문화축제 부스 행사에서 이른바 '빤스 논란'이라 불리는 노출 논란이 대표적이죠. 그것과 관련해 LGBTAIQ에 속한다고 하는 사람들에게서 "역시 노출 안하는 것이 좋겠다. 우리 이미지가 나빠진다"는 말들이 나올 수 있어요. 가장 당황스러웠던 게 "그렇게 논란거리가 되면 아직 커밍아웃하지 못한 사람들이 커밍아웃을 더 못할 것이다" 라고 하는 우려라고 하는 말들이었어요. 그것이 문제 발언이 될 수밖에 없죠. 나는 문화시민이고, 점잖고, 얌전하고, 노출 안 하고, '저는 해치지 않아요' 라고 말하고 있는 것처럼 보이는 기준이 있으니까요. 이런 좋아보이는 것에 부합하지 않는 사람들이 커밍아웃을 할 수 없게 만드는 거죠. 커밍아웃을 검열의 장치로, 때로는 커밍아웃의 고정된 이미지를 만드는 작업이 될 위험이 있죠. 그게 대상화인 거예요. 어떤 식으로 그것이 연출되는가 하는 거예요. 그런 식의 괜찮고 점잖은 이미지를 만들어냈을 때, 그 이미지에 부합하지 않는 사람들의 삶은 어떻게 만들어나갈 것인가. 사실 그에 대한 고민이 퀴어라는 단어를 만들어냈어요.

'내가 이성애자인 당신과 다른 것은 단지 내가 좋아하는 사람이 다를 뿐이다'라는 이미지가 만들어질 때 그 이미지에 부합하지 못하는 트랜스나 퀴어들이 자신을 설명해내지 못하는 경우가 있잖아요. 게이라는 용어가 너무 규범적인 모범시민을 나타내기 때문에 게이는 나를 나타내는 용어가 아니라고 해서 새로운 언어를 필요로 하게 되었고, 퀴어라는 용어가 등장한 거예요. 그렇게 계속 이미지가 만들어져 온 거죠.

커밍아웃에도 서사가 있어요. 커밍아웃을 잘하는 방법에 대한 아이디어가 이야기되기도 하죠. 저는 한 번도 커밍아웃을 안 한 사람이기 때문에… 여기서 한 번도 안했다는 건 커밍아웃 가이드에 나오는 정해진 형식에 맞출 생각을 안했다는 거예요. 저에 대해 사람들이 그냥 아, 루인은 그런 사람이네 하며 알게 되는 그런 커밍아웃이라면 뭐.

아무튼 이렇게 만들어나가는 작업의 큰 틀에서 어떤 과정이 필요한지, 그것이 얼마나 중요한지, 이를 통해 만들어진 이미지들은 무엇인지와 관련한 고민 역시 계속해야 하죠. '어느 것이 더 좋은 것인가' 하는 가이드라인은 중요하고 더 많이 나와야 해요. 어떤 이미지든 규범들을 만들고, 그 안에서 어떤 삶은 말할 수 있고 어떤 삶은 말할 수 없는지를 고민하는 게 계속 필요하지 않을까요. 중구난방으로 말한 것 같네요. (웃음)

봉레오 긴장 푸셔도 될 것 같아요. (웃음) 저는 흔히 말하는 '걸어 다니는 커밍아웃'이라고 불리는 타입이거든요. 그냥 걸어다니기만 해도 퀴어 티가 난다, 소위 'Stereotype고정관념'이다, 이런 말을 자주 듣는데 그래서 더 커밍아웃 하기가 어려웠던 시기가 있었어요. 왜 그런 편견이 있잖아요. "아니야 오히려 진짜 레즈비언들은 더 머리 길고 여성스럽대" 이런 말들. 아 그러면 나는 진짜가 아닌가. 저는 당시 레즈비언으로 정체화하고 있었는데 그렇다면 나는 가짜 퀴어인가? 이런 생각이 오히려 드는 거예요.

분명히 저는 퀴어고, 이렇게 머리가 짧고 정장을 좋아하는 것과 같이 제 지정성별assigned sex과 다른 젠더 expression표현, 표출 을 하고 있잖아요.

가끔 취미로 글을 쓰는데 저 같은 모습의 캐릭터를 만들면 '그런 건 너무 좀 그렇잖아', 하는 의견을 들어요. 굉장히 돌려 말해서요. 직설적으로 말하자면 "'그런 거' 보이면 안 좋잖아"겠죠. '그런 거'라고 지칭되는 정형화된 캐릭터들이 있죠. 사실 퀴어가 아니었다면 지적받지 않았을 문제였을 거예요. 퀴어가 아니었다면 '이렇게 입으면 기분이 조크든요'(웃음)라고 대응할 수도 있는 건데. 이게 퀴어이기 때문에 받는 억압인 것 같아요. 단순히 '동성애 나빠' 이런 식의 이야기들 때문만이 아니라 이와 같이 퀴어이기 때문에 내부에서 더 자기검열을 하는 거죠. 글을 쓰면서도 그런 게 계속 나오는 것 같아요.

미디어와 캐릭터

정체되어 있는 이미지를 넘어

봉레오   영화 <아가씨>에서도 누가 더 능동적인 캐릭터인가에 대해 이야기하면서, 우스꽝스럽게 말해서 누가 '공/수'인가에 대한 논쟁이 가끔씩 자연스럽게 나와요. <아가씨>에서 히데코와 숙희 중 누가 부치[5]인가. 근데 사실 그건, 부치라는 말로 표현을 했지만 누가 더 능동적이냐를 판가름하기가 되게 애매하잖아요. 그리고 여성 퀴어물에서는 소위 능동성을 가지고 있는 캐릭터는 남장을 하게 되는 경우가 있어요. 영화에서는 오히려 그런 시각적 이미지가 없는 숙희가 마지막에 남장을 하죠.

이제 계속 고민할 수밖에 없는 것 같아요. 퀴어 내부의 로맨스를 다룬다면 특히나 더. 제가 썼던 글이 부치 둘 사이에 펨[6] 한 명이 있는 거였어요. 대개 펨이 부치 둘을 두고 고민하는, 저울질 하는 내용인 거죠. 근데 그 부치 둘 다 능동적인 게 너무 싫은 거예요. 그렇다면 이게 일반 비퀴어물과 다른 게 뭘까. 이러면서도 '내가 왜 이 고민을 해야 하는 거지? 나는 그냥 퀴어물을 쓰고 있는 건데'라며 계속 어느 한 쪽도 선택할 수 없는 고민을 하게 돼요.

루인   예전에 MBC에서 인간의 뇌와 젠더 결정에 관한 걸 다뤘었는데요. "전두엽의 단면모양이 그 사람이 여자일지 남자일지를 결정한다. 요즘 뇌 과학은 이렇게 나온다" 라는 이야기였어요. 지금 이 얘기를 들은 분들 표정 다 안 좋거든요(웃음). 그러면 부치인 MtF 여성[7]의 뇌는 어떻게 생겼을 것이냐, 등등의 의문이 제기되죠. 젠더가 뇌 모양으로 결정된다는 건 인간을 여성과 남성으로만 확정하고, 모든 사람이 이성애자일 것이라고 규정하는 젠더 규범에 맞춘 판단이잖아요. 그래서 그걸 보고 엄청 욕했어요. 그런데 그때 한 트랜스 활동가가 어머니와 같이 그 프로그램을 봤는데 어머니가 "아 네가 그래서 이렇게 살고 있구나" 라고 말씀하시며 그 활동가를 이해하고 받아들이신 거예요. 어려운 문제라는

---

5. 여성 동성애자들 사이에서 능동적인 역할을 의미하는 명칭   6. 여성 동성애자들 사이에서 수동적인 역할을 의미하는 명칭
7. 생물학적으로 남성이지만 여성으로 정체화하는 사람

거죠. 그러니까 어떤 이미지가 내 삶을 불가능하게 하는데 어느 순간에 내 삶을 납득시키거나 이해시키는 예상치 못한 계기가 되었을 때 이 이미지를 어떻게 할 것인가 하는 거죠.

또 올 초에 젠더퀴어에 관한 인터뷰 자료가 나왔는데요. 물론 그 논문은 비공개로 돌려서 읽은 사람이 두세 명 밖에 안 된다는 게 함정이긴 하지만. 인터뷰를 하는 젠더퀴어가 사실은 태어날 때 남성으로 지정되었지만 스스로 남성이라 생각하지 않고 다른 젠더로 살면서 그렇게 인식되길 원한다고 해요. 그래서 평소에 남성으로 인식되는 것이 얼마나 불편하고 힘든가에 관한 이야기를 나눕니다. 남성으로 통한다는 것이 자신의 삶을 불가능하게 하고 자신의 존재를 부인하게 된다는 내용으로 인터뷰가 계속 진행되죠. 근데 중간에 어떤 다른 내용이 나오냐면 밤길을 걷거나 할 때 갑자기 스스로 남성으로 보이는 게 필요하다고 느낀다는 거예요. 나를 배신하는 그런 이미지들이 어떤 순간에 내 자신을 가능하고 관찰하게 만들어준다고 했을 때, 이 이미지라고 하는 것 혹은 편견이라는 것이 얼마나 다루기 어려운 것인가 싶어요. '~한 이미지는 없어져야 해요'로 끝나면 아무것도 이야기되지 않는 거죠. 그래서 이미지와 관련된 문제가 정말 다루기 어려운 것 같습니다.

주체성과 소통

악의 근원?

루인   그런 생각을 문득 해요. 트랜스 남성에게만 하는 질문부터 트랜스 여성이라는 것이 꼭 어떻다는 식의 이미지들이 계속 생산되는데 사실 그것은 성소수자 뿐만 아니라 다양한 범주의-장애인이든 이주민이든- 다양한 사람들에게 해당되는 비슷한 이야기들이에요. 어떤 집단에게 특정한 이미지가 생긴다는 건 그 사회가 집단을 어떤 식으로 이해할 수 있는지의 인식 수준을 보여주는 것 같아요. 사회에서 받아들일 수 있는 수준을 말해주는 것이죠.

이를테면 트랜스 여성에 대해 이야기해볼게요. 하리수 씨 같은 경우에, 그분 잘못이 아니고 정말 훌륭하신 분이지만, 하리수 씨가 트랜스 여성의 이미지와 연결되면서 '천상여자'의 이미지로 계속 재현되고 소비되었죠. 그래서 '천상여자'만이

트랜스 여성임을 확인받을 수 있는 그런 사태가 발생해요. 여기서 비판해야 할 지점은 실천하는 그 사람이라기보다 딱 그 정도의 수용 능력만을 가진 사회인데 왜 그 이미지 자체로 계속 싸우는가 하는 의문이 들어요.

이렇게 어떤 이미지가 옳은지를 놓고 싸울 때 거기에 LGBTAIQ에 대한 논의가 같이 따라와요. 어떤 이미지를 더 갖추어야 하는가, 어떤 이미지는 더 아니어야 하는가, 어떻게 새로운 이미지를 만들 것인가 하는 거죠. 그렇기 때문에 오히려 질문의 대상을 그 정도로밖에 수용하지 못하는 거예요. 어떤 분이 저에게 "넌 트랜스 여성 이미지에 맞지 않아 참 좋아" 라고 하셔서 정말 화가 났던 적이 있어요. 트랜스 여성, 트랜스 젠더퀴어와 관련해 젠더 전복적인 무언가를 실천하지 않을까 엄청 기대하는 걸 봤죠.

때때로 트랜스 여성은 매우 '여성적'이라 기존의 규범을 강화하거나 답습한다는 어마어마한 비난들이 등장하잖아요. 그런데 그 이미지가 아닌 여성을 트랜스 여성으로 인식할 수 있나 하는 의문이 들어요.

> "트랜스젠더를 혐오하거나 배척하지는 않지만 딱히 좋게 안 보여. 사회가 요구하는 바로 그 여성성의 모습을 우리는 뿌리를 뽑아버리려고 노력하는데 트젠들은 오히려 그 틀에 맞추는 게 싫은 거야. 자기 정체성 찾는 거 보고 누가 싫대?"
> - 트랜스 여성에 가해진 비난의 문구 재구성

하리수 씨에 대한 비난은 그 사람이 너무 '여성스럽게' 나왔다는 것으로부터였는데, 하리수 씨가 머리 밀고 가죽 입고 거친 목소리로 데뷔할 수 있었을까요? 그러고 데뷔했으면 여성으로 받아들였을까요? 아니거든요. 이미지는 자신이 어떤 범주인지를 고민하는 사람들에게 중요한 길라잡이 역할을 해요. 더 신경 쓸 건 그게 누군가를 계속 판단하는 기준이 되어야 하냐는 거예요. 이런 질문이 계속 제기되어야 합니다.

봉레오 저만 해도 '이미지에 부합한다, 편승한다, 그걸 강화한다' 이런 말에 대한 지적에 굉장히 크게 공감해요. 그건 내 탓이 아니라고 말함에도 말이죠. 저는 FtM 트랜지션[8]을 앞두고 있는데요. 병원에 갈 때 괜히 셔츠를 입고 핑크색 옷을 피하게 돼요. 그럴 수밖에 없어요. 그렇게 하지 않으면 진단이 나오지 않으니까요. 개인이 이미지에 편승할 수밖에 없었던 맥락을 모두 지우고 왜 그 이미지에 편승한 개인밖에 보이지 않을까요. '너희가 규범을 강화시키니 악의 근원이다!' 하는 비난도 있어요. 이미지라는 것 자체가 없으면 제도적인 무언가가 힘들 것 같긴 해요. 예를 들면 모든 동성애자가 결혼을 바라는 건 아닐 수 있어요. 분명 그 중에 비혼주의자가 있을 거고요. 결혼제도 해체를 주장하는 사람도 있겠지만, 동성애자들 또한 결혼을 원할 것이라는 이미지가 동성혼 법제화를 어느 정도 이끌어 낸 것도 있어요. 그런 점에서 이미지를 모두 깨부수는 건 현실적으로 불가능하죠. 과연 이게 승산이 있나 싶어요.

너무 자연스러운 흐름

봉레오　자주 접하다 보면 극단적 대상화는 피할 수 있어요. 많은 예시를 보다보면 그게 하나의 이미지로 완벽히 묶일 수 없음을 깨달아요. 너무 <그것이 알고 싶다>나 <피디수첩> 이런 걸로만 접하게 되니까 특정한 이미지가 형성되고, 거기서 벗어나면 '어, 너는 그렇지 않네?' 라는 말이 나와요. 혹은 '너는 왜 그걸 답습해?' 이런 말들이 나오죠. 어릴 적부터 계속 접할 수 있었다면 좋았을 거예요. 저는 팬로맨틱[9] 에이섹슈얼[10]이고 트랜스젠더퀴어인데요. 어릴 적엔 FtM트랜스젠더[11]인데 남성한테 끌림을 느끼기에 '나는 트랜스젠더고 남성인데 남성에게 끌림을 느낄 수 있다고?' 이게 너무 혼란스러운 거예요. 왜냐하면 저의 세상에는 트랜스젠더 헤테로[12]와 시스젠더, 호모[13]가 퀴어의 전부였거든요. 제가 될 수 있는 선택지는 레즈비언 아니면 트랜스 남성이었던 거예요. 너무 세상이 작은 거죠. 그 이미지가 그나마 제가 가질 수 있는 이미지였어요.

　　　　　거기서 나아가 저는 제가 트랜스젠더 게이일 것이라 생각을 못했어요. 게이 이미지는 '끼순이'[14], 홍석천 씨 이런 식으로 단편적으로 정해져 있었으니까요. 그래서

---

8. 생물학적으로 여성이지만 남성으로 젠더를 바꾸는 것　9. 모든 성별의 사람에게 끌림을 느끼는 것　10. 누구에게도 성적인 끌림을 느끼지 않는 것　11. 생물학적으로는 여성이지만 남성으로 정체화하는 사람　12. 이성애자　13. 같은 성별의 사람에게 끌림을 느끼는 사람　14. 과장된 여성성의 모습을 나타내는 행동을 많이 하는 게이를 낮춰 이르는 말

조금 더 많이 퀴어를 접할 수 있도록 했으면 좋겠어요. 친척 중에 최초로 커밍아웃한 상대가 사촌누나였어요. 그 누나가 선생님이었는데 확률 상 교실에서 퀴어를 한 명도 못 만날 리가 없잖아요. 계속 부탁을 했어요. 분명히 있을 거다. 그 아이에게 많은 정보를 주지 못하더라도 반 아이들에게 퀴어가 있다는 걸 알려줬으면 좋겠다. 이야기를 계속 했어요. 사실 나를 찾는다는 게 쉽지 않죠. 저도 한참 모르다 지금은 좀 알 것도 같아요.

정체성과 질문

봉레오   저는 질문을 하는 것만큼 정말 위험한 운동이 없다고 생각해요. 질문을 한다는 것은 뭔가 물어볼 것이 생겼다는 것이죠. 뭔가 이상하다고 가정하는 거예요. '그거 왜 그래요?' 하면 그거 알 필요 없다고 하거나, 질문하는 사람을 계속 이상한 사람으로 만드는데, 그렇기 때문에 더욱 더 끊임없이 질문하는 게 정말 중요해요. 질문 자체가 생각해야 나올 수 있는 거잖아요. 기존의 것에 순응하면 질문하지 않고 조용한 사회가 돼요.

루인   아까 나를 찾는 것이 중요한 의제라고 말씀 하셨는데, 가장 중요한 건 누구도 내가 누구인지 모른다는 거예요. 그래서 그걸 찾아가는 여정이 여전히 중요해요. 어차피 답은 없으니까요. 그걸 나를 찾는 과정이라고 부르건, 질문을 하는 과정이라고 부르건 상관없어요. 나를 찾는 이유 중 하나는 이 사회에서 나를 어떻게 위치지을 것인가와 이 사회에 있는 사람으로서 내가 어떻게 관계 맺을 것인가를 이야기하기 위함이라고 생각하거든요.

　　　　　　정체성이라는 것은 내가 누구다, 라는 것인데 이렇게 하면 보통 선언이라고 많이들 이야기해요. 사실 정체성은 철저히 관계 속에서의 위치거든요. 혼자 있으면 정체성의 의미가 발생하지 않아요. 관계를 어떻게 만들어 나갈 것인가 하는 이야기로서 정체성이나 나를 찾는 여정이 중요하죠. 그렇기에 커밍아웃은 내가 누구인가라는 이야기이기도 하지만 한편 '내가 앞으로 너와 어떤 식으로 관계 맺고 싶다'는 의사표현이죠. 또 관계를 유지시킬지 끊을지 결정하는 기준이 되기도 하기에, 그런 지점에서 나를 찾는 과정이 중요해요.

봉레오   저도 약간 비슷한데요. 아까 커밍아웃을 선언이라 하셨는데 선언에 가까운 형태가 타인에 대한 질문이 될 수 있다고 봐요. '나는 이렇게 생각하는데 네가 생각하는 그건 맞는 것일까' 하고 한 번 뒤흔드는 거라고 생각해요. 그렇게 타인을 뒤흔들고 나를 뒤흔드는 사고와 선언이, 내가 갖춰져 있지 않다면 무너지기 마련이에요. 퀴어의 문제를 떠나서도, 한 번씩 그 생각을 유지하고 질문을 던지기 위해서 나는 확실히 잡혀있어야 한다는 생각을 해요. 내가 어디에 초점을 맞춰야 할지 모르기 때문에 질문이 나오는 것이죠. '내가 뭘 찾고 있는 거지' 같은 의문이 계속 들겠지만, 그걸 유지하기 위해 역설적으로 내가 유지되어야 한다는 거죠. 계속 이게 반복될 듯해요.

퀴어에 관해서, 그리고 제 정체성을 확실하고 길게 말하는 편이에요. "바이젠더[15] 팬로맨틱 에이섹슈얼 폴리아모리[16]입니다" 이렇게 말하는 편인데 분명히 계속 언어가 바뀔 거예요. 계속 공부하고 있고, 저라는 사람을 건들 수도 있고요. 제가 잡고 있는 건 '나는 계속 질문을 던질 것이다, 이게 나다'는 이야기죠. 어떻게 보면 제가 지금까지 했던 식으로 내가 어디에 존재하는지를 항상 잡고 가는 것일 수도 있겠죠. 그게 누군가에게는 정체성일 수도 있을 것이고 누군가에게는 행위일 수도 있을 것이고, 누군가에게는 행동일 수도, 소속감일 수도 있어요. 그럼에도 계속 질문이 나왔으면 좋겠어요.

15. 두 개의 젠더 정체성을 지니는 것 16. 비독점적 다자간多者間 연애

아카이빙과 당사자

지치지 말고 고민하기

봉레오   이 자리에 기록자^{루인}, 당사자^{봉레오}로 우리가 앉아있어요. 우리가 지금 성소수자 담론을 직접 다루는 것에 대해 각자 어떤 고민을 가지고 있는지, 그리고 어떤 방향으로 나아가고 싶은지 또 나아가고 있는지 이야기해볼까요?

지워지지 않도록

루인   저는 퀴어 아카이비스트로서 말씀드릴 수 있을 것 같아요. 이 일은 어쨌든 기록물을 계속 수집, 정리, 축적시켜서 역사를 만들어나가는 작업이에요. 그랬을 때, 수집을 하면서 어떤 역사를 만들어 나가고자 하는가, 어떤 역할을 만들어 나갈 것인가 생각하게 돼요. '모든 자료를 수집할 수 있는 한 한다'가 전제이긴 하지만 그럴 수는 없어요. 이를테면 서울 퀴어문화축제에서 백 몇 개 되는 부스에서 굿즈를 다 살 순 없잖아요. 그랬을 때 무엇을 선별할 것인가 하는 전체적인 판단이 필요한데 중요한 것은 자신의 정치적 입장이나 가치를 어떻게 둘 것인가, 하는 분명한 고민이 있어야 한다는 거예요. '어떤' 기록이나 역사를 놓치지 않고 지금 이 순간을 남겨둘 것인가.

예를 들어 미국에서 LGBT를 GLBT라고 부르는 경우가 있어요. 'G가 가장 먼저 운동을 시작했고, 레즈비언이 그 다음, 나중이 바이섹슈얼 그리고 트랜스젠더가 가장 느렸다' 이런, 되도 않는 사상이 등장했어요. 마치 운동이 90년대 초반에 처음 시작한 것처럼 말이죠. 또 이런 예시가 있어요. 한국에서는 1990년대 중반에 동성애자 운동이 시작되었다고 이야기해요. 사실 엄밀하게는 'LGBTAIQ운동과 성소수자 운동이 시작되었다'가 정확한 표현인데 '동성애자 운동이 시작되었다'고 해버렸을 때, 양성애자나 트랜스젠더 퀴어나 무성애자 등 다른 범주의 사람들은 운동을 안했던 것처럼 착시를 야기해요.

하지만 1995년에 트랜스젠더 모임이, 90년대 초반에 바이섹슈얼 단체가 만들어졌어요. 더 중요한 건 그 시기를 동성애 운동이라고 이야기한다고 해도, 그 동성애는 지금의 퀴어나 LGBTAIQ를 포괄했어요. 동성애자 협의회에 트랜스

협의회가 같이 하겠다고 이야기했고요. 90년대 중반에 유명한 분이 자신을 게이라고 커밍아웃했더니 며칠 지나 전국에서 몇 명의 트랜스젠더들이 그 분을 찾아가는 일도 있었어요. 왜냐하면 그 시기에는 게이가 트랜스젠더를 지칭하기도 했기 때문이죠. 그런 일들이 있었기 때문에 이 역사를 어떻게 만들어나갈 것인가, 어떤 자료를 수집해서 이 이야기를 어떻게 말하게 할 것인가가 중요하다는 거죠. 지금 통상 말하는 게이들, 레즈비언들 외에 바이섹슈얼/트랜스젠더 등등에게 '그땐 뭐 했어'라는 딴소리를 하지 않으려면 어떤 정치적 입장을 취하고 비판할 것인지 고민해야 합니다.

더 많은 이야기들을 수집하려는 퀴어 아카이비스트로서 말하자면 SNS만큼 나쁜 자료가 없어요. 추적이 불가능하니까요. 사실은 인쇄된 형태가 가장 좋은 형태 같아요. 올해만 해도 동성애 관련한 책이 3권 나왔는데 이렇게 책을 만들어내고 자료를 축적해나감으로써 누구도 지우지 못하는 목소리로 만들어나가는 것이 중요해요. 여러분 한 명 한 명의 목소리가 축적될 수 있도록 만드는 것. 사실은 퀴어축제나 관련 행사에서 나눠주는 자료들 있잖아요. 단체 홍보지 같은 것들. 수천만 장 찍을 텐데 1년만 지나면 '이게 언제 만들어진 거지'해요. 기억을 못하죠. 그래서 지금 시점에 자료가 얼마나 중요한가 싶어요.

주체적인 목소리

봉레오 저는 담론을 다룰 때 항상 활동하시는 분들에 대한 주체담론을 써요. 저는 동아리를 하고 취미로 팟캐스트 하는 정도의 활동이 전부예요. 활동가라는 명칭은 부끄럽다고 생각해요. 그러나 그들이 개척해놓은 길을 누리는 입장에서는 아, 너무 고마워요. 내가 이들에게 빚을 지고 있구나 싶죠. 그들을 계속 지지하고, 그들의 의견이 틀렸다면 지적하고, 그들이 내가 생각하는 것보다 조금 더 여러 사람과 이야기 나누고 생각할 수 있는 조건을 만들도록 후원을 한다든지 하는 게 저로서는 최선이에요. 앞으로도 상근 활동가가 되지 않는다면 이런 방식을 선택할 것 같아요. 그런 일은 아직 상상하지 않고 있어요. 계속 후원하는 쪽으로 최대한 생각하는 중이에요. 그런 걸 유지할 수밖에 없을 것 같아요.

아무래도 모두가 적극적으로 운동할 수는 없다고 생각해요. 누군가는 조금씩이라도 부채감을 가지게 되죠. 그 부채감에 매몰될 필요는 없지만 계속 잊지 않고 같이 목소리를 내 주면 된다고 생각해요. 여기 계신 분들도 각자의 목소리를 꾸준히 내주었으면 좋겠어요. 사실 제가 썼던 이야기들도 하나하나 모아놓고 보면 이때 내가 이런 생각을 했구나 하는 게 제 개인의 퀴어 서사로서 의미가 있는 거예요. 그 당시에 커밍아웃하지 못하고 두려워서 떨었던 과거의 기억이 문서로 남아있는 거니까. 이게 되게 중요한 것 같아요. 이야기할수록 미스핏츠가 책을 계속 내야 한다는 방향으로 흘러가네요(웃음). 여러분께서 의견을 잘 판단해주실 거라 믿습니다.

소수자와 경계

봉레오 그러면 어느 정도는 이야기가 마무리 되었고, 질의응답 시간 진행해보겠습니다.

참여자1 저는 지금 프랑스에 있으면서 무슬림 여성에 대한 연구를 하고 있는 학생입니다. 그런데 제게 없는 인종적, 종교적 정체성에 대해 고민하고 연관 짓는 게 어려워요. 또 지금 한국 상황과 비교해보면 '힙해서 퀴어한다'는 말처럼 페미니즘도 그런 식으로 소비하는 경향이 보이거든요. 저도 사실 페미니즘이 경험에서 시작한 것도 있지만 유행처럼 소비 중심주의로 가면서 너무 20대나 소비가 자유로운 계층 위주로 흘러가고 있지 않은가 싶기도 해요. 다른 배제된 사람들-기혼 여성이나 이주민들-의 이야기도 많은데요. 저도 소비하는 20대 평범한 여성이지만 어떻게 하면 다른 영역에 있는 여성들에 대해서도 이야기할 수 있을까요?

봉레오 저는 제가 속하지 않은 소수자들의 입장에 대해 이야기를 하거나 공부할 때 보통 내가 소수자로서 가장 불쾌했을 때의 감각을 되살리려고 노력해요. 그걸 계속 상기하며 말을 걸거나 알아보게 돼요. 분명히 내가 소수자가 아닌 순간에는 그들을 불쾌하게 할 만한 행동을 할 거란 말이죠. 그 끈과 감각을 최대한 놓지 않으려고 노력해요. 예를 들면 저는 비장애인인데 최근에 장애인이 등장하는 짧은 소설을 쓴 적 있어요. 소설을 쓸 때 주변에 장애가 있는 친구가 있었지만, 제가 겪은 일이 아니다 보니 저는 실수할 수 있잖아요. 그래서 최대한 아는 선에서만 쓰려 했음에도 마음이 불안해졌어요. 내가 겪었던 불쾌했던 감각들을 글 한 줄 쓸 때마다 되살렸어요. 아, 이 말이 조금만 뒤집으면 불쾌감을 줄 수 있지 않을까. 이 행동이 나한테 차별로 다가오지 않을까 생각하다 보면 내가 알 수 없는 소수자들에 대해 이야기할 때 도움이 된다고 생각해요.

루인 저는 인상적이었던 에피소드가 있어요. 인터넷 서점인 알라딘에서 굿즈를 예쁘게 만들어 팔잖아요. 굿즈를 사려고 책을 사기도 하고(웃음). 작년에 알라딘에서 페미니즘 뱃지인가 굿즈를 책 사면 준다고 해놓았어요. 그에 대한 리뷰를 찾아봤는데 "뱃지를 받았으니 이 뱃지에 어울리는 가방을 사야 한다" 라는 내용이 있었어요. 이 글로 글쓴이를 판단할 수는 없겠죠. 하지만 이 상황에서 페미니즘은 정말로 어디에 있는가, 하는 의문이 강하게 들었어요. 페미니즘은 정치인가. 그냥 말씀하신 것처럼 '유행'인가. 아니면 그냥 누군가가 소유할 수 있는 것으로 존재하는가. 물론 요즘 시대는 텀블벅에서 굿즈를 팔지 않으면 후원이 안 된다고까지 하지만요.

다른 하나는 정희진 선생님이 십 몇 년 전에 쓰신 글에 나오는데, "자신이 가장 첨예하게 고민하는 주제가 아닌 곳에선 누구나 미지에서 시작하는 수밖에 없다"는 문장이에요. 그죠. 내가 만약에 트랜스 주제만 이야기를 한다면 이주, 장애와 같은 다른 주제에 대해서 얼마나 알겠어요. 사실 몰라요. 자신이 첨예하게 고민하는 주제조차도 잘 몰라요. 그랬을 때 내가 낯설고 경험하지 않은 상황에서 그 이슈에 대해 판단하는 태도를 갖지 않는 것이 중요하다고 생각해요. 내가 문제에 접근할 때 실수를 한다면 많은 경우 그 원인은 내가 판단할 수 있는 주체라고 가정한다는 데 있어요. 내가 스스로를 '판단할 수 있고, 옳고 그름을 알 수 있는 존재'로 가정하고 그렇게 말을 하는 것이죠. 한국에서 얼마 전에 난민 신청에 관련한 것들이 얼마나 문제가 있는지에 대한 기사가 나왔는데 "외국인 추방해야 한다", "걔네들 들어오면 한국이 얼마나 위험해지는 줄 아냐" 같은 반응이 있었어요. 범죄를 마치 외국인들이 다 저지르는 것인 양 판단하는 거죠.

내가 아닌 사람의 이야기를 내 이야기로 바꿨을 때 정말 괜찮을까? 성소수자 관련 공론화를 할 때도 당사자의 기분이 지금 어떨까? 실제로 그들이 어떻게 말할까? 이렇게 고민하는 기본적인 예의가 필요해요. 이럴 때 더 나은 토론이라는 게 가능해지지 않을까 싶어요.

고민과 질문

참여자2   저는 오늘 토크쇼가 의미 있었는데요. 성소수자로서도 혹은 여성으로서도, 내가 되고 싶은 모습이나 나에게 주어진 이미지에 대해 생각하면서 사회에서 나에게 '여자는 이렇게 해야 한다'고 하니까 이런 걸 좋아하는 것이 아닐까 이런 고민을 많이 했었거든요. 진정한 나 자신이 되기 위해서는 항상 나에게 질문을 던져야 한다는 이야기를 해주셨는데, 막연하고 어려운 이야기예요. 어떻게 질문을 던지라는 건지 잘 안 떠올라요. 혹시나 대답을 구할 수 있다면… 질문을 던지는 힘을 잃지 않기 위해서 어떻게 해야 할까요?

루인   질문하면 사람들은 귀찮다고 싫어해요. 쓸데없는 이야기라고. 중요한 건 지금 나는 충분히 이야기하고 있는가와 내가 하는 말이 정말 옳은 태도인가 하는 집요한 질문이에요. 그래야만 내가 하는 말의 한계도 알 수 있고 다른 사람의 삶이 나와 어떻게 연결되어 있는가에 대한 고민을 계속 할 수 있기 때문이에요. 그 고민이 아, '이 사람은 이렇게 살고 있네'로 끝나면 사실 아무것도 아닌 게 돼요. 이 삶이 나와 어떻게 연결되어 있는가를 이야기하면 달라져요.

이를테면 작년에 나온 기사에 이런 내용이 있었어요. 인천공항공사에서 난민을 관리하기 때문에 몇 십 명이 매우 좁은 방에서 갇혀 지내고, 종교적인 이유로 먹지 않는 음식 등도 먹어야 하는 상황이다. 한국에서 이만큼 난민 문제가 심각하다[16] 하는 거였어요. 이런 상황에서 내가 이 사람들보다 얼마나 특권적인 위치에 있는가 하는 질문을 던져야 하는 거죠. 내가 소수자라서 어떻게 억압받고 피해 받는지는 이야기하지만, 내가 받고 있는 억압들이 나를 어떻게 특권적 위치로 만들어주는가는 이야기하지 않아요. 소수자거나 약자라는 위치가 동시에 나를 특권적인 위치로 만들어 준다는 거죠. 그 지점, 내가 피해자이면서 가해자일수도 있는 그 지점에 대해 질문을 던진다면 다른 무언가가 나올 수 있지 않을까요.

예전에 간디가 걸어가는데 어느 어머니가 아이를 데리고 와서 얘가 사탕을

16. '시리아 난민 28명, 창 없는 밤서 5개월째 햄버거로 끼니', 중앙일보, 2016.04.25, news.joins.com/article/19934292

끊을 수 있도록 조언 좀 해 달라 했더니 2주 뒤에 오라고 했대요. 그래서 2주 후에 가니까 그때서야 사탕을 끊으라고 말했는데 왜 그렇게 했냐고 물어보니 자기가 사탕을 끊을 때 2주가 필요했다고 말해요. 내가 못하는 걸 조언하는 건 사기가 아닌가 생각했다고요.

봉레오 또 다른 질문이 있나요?

참여자3 아까 봉레오 님이 지역에서 퀴어 운동을 하는 중에 학교에서 '지인이 커밍아웃 했을 때 어떻게 대처하세요?'같은 설문조사를 하셨다고 말씀하셨는데요, 그게 실제로 어떻게 되었는지가 궁금해요.

봉레오 대처라기보다는 그냥 예상 반응을 포스트잇으로 붙이는 거였어요. 기억에 남는 건 "네가 차별받는 세상은 나도 싫어"라는 반응이 있었어요. 그중에는 "어. 그래" 하고 떨떠름한 반응도, "어. 나도" 하는 반응도 있었어요. 글로 발랄함이 전해진 분도 계셨고, 잠깐 제가 딴 짓하는 사이에 조용히 '다녀갔어요.' 라고 적고 가신 분도 있었어요. 그런 식이었고요. 지역에서 퀴어 관련 활동을 하다보니 아무래도 어…음…땀나는 이모티콘을 쓸 것 같은 반응에 많이 부딪히긴 해요. 전라도와 광주 통틀어 광주에만 지하철이 있어요. 전라도엔 아예 없어요. 그렇다 보니 다른 나머지 시설들이 얼마나 없을지 가늠할 수 있을 거예요. 그래서인지 퀴어와 관련된 캠페인을 할 때 그에 대한 인식도 많이 없는 편이에요. 사실 그렇게 참여율이 높지도 않았어요. 그나마 인식이 있는 편인 사회과학대 앞에서 행사를 해서 포스트잇이 3~40장 붙은 거예요.

재현, 서사 만들기

참여자4 저는 지금 지역에서의 퀴어 운동에 관심이 있어서 전국을 돌고 있어요. 부산퀴어문화축제도 갔다 왔고, 다음 달엔 강원지역 퀴어 캠프도 가요. 봉레오 님에게 질문하고 싶은데요. 지역에서 퀴어 운동을 한다는 것이 구체적으로 어떤 의미인가요? 어떤 성격을 지니고 있을까요?

봉레오 부산에 다녀오셨으니 아실 것 같지만, 정말 불모지에요. 아무것도 없어요. 지금은 '열린문[17]' 같은 것도 있지만 전라북도에는 독립된 퀴어 단체가 하나도 없어요. 제가 아는 선에서는 '행성인[18]'의 '전퀴모[19]'가 그나마 유일하게 전북에 있는 퀴어 커뮤니티예요. 열린문이 전라북도 중심으로 생겼고, 힘들게 자생하는 상황이에요. 그래서 되게 치졸한 일도 많이 당해요. 처음 생긴 퀴어 단체여서요. 밉보일 일도 많고.

저희는 저번 학기에 사회대 동아리로 등록했어요. 그 과정에서 동아리 방도 생겼고요. 이전에 있던 동아리가 나가면서 저희가 그 동아리방을 쓰고 있게 됐거든요. 그 동아리가 동아리 등록 기준에 못 미쳐서 나가고, 저희가 기준을 충족해서 들어간 거죠. 근데 정말 치졸하게 사회대 익명 게시판에 열린문에 대한 비난 글이 폭주했어요. '거기는 명단 제출도 안했다던데' 이러면서… 저희가 등록되는 과정에서 있던 일과 맥락은 삭제되고요. 그런 것들하고 매일 싸워요. 포스터가 찢겨져 있고 도장도 안 찍어주고, 총학은 '그런 건 좀 아직…전주에선…'이라는 말을 해요. 저희 총학의 특성이기도 한데 총학이 정치적 색을 띠는 걸 정말 싫어해요. 그런 상황에서 기댈 수 있는 단체가 아무 데도 없어요. 그게 지방 퀴어 단체로서 지니는 저희의 특성이에요.

또 하나 더 말할 수 있는 건 계속 비슷한 크기의 단체들끼리 연락하면서 연대감이 생긴다는 거예요. 왜냐하면 다들 비슷한 시기에 생겼으니까. 충남대 쪽도 비슷한 시기에 생겼거든요. 얼마 전에는 충북대에서도 생겼고, 저희보다 빨리

---

[17]. 전북대학교 성소수자 동아리의 이름 [18]. 행동하는 성소수자 인권 연대 lgbtpride.or.kr [19]. 전국퀴어모여라 koreaqueer.tistory.com

전남대에서도 생겼어요. 그러면서 '우리가 여기에 있구나' 하는 걸 느꼈어요. 이런 식으로 열린문이라는 단체가 성소수자 개인에게 '나 혼자 전북에서 성소수자인게 아니구나' 하는 생각을 들게 한다는 게 긍정적이죠.

루인 기록자로서 할 수 있는 말은 1990년대에 한국에서 전국적으로 다양한 지역모임이 많이 생겼다는 거예요. 전북지역 동성애자 친목 모임도 있었어요. 대구 등 경북에도 있었고요. 지역에서 소식지 내고 하다가 인터넷이 활성화되면서 확 바뀌었거든요. 그래서 좀 여러 단위에서 이야기를 모아 볼 필요가 있지 않을까 싶어요.

참여자5 아카이브하시는 루인님께 드리는 질문이에요. 제가 퀴어문화축제에서 인터뷰를 했어요. 기사도 작성했고요. 이미 내 머릿속에 퀴어에 대한 상(象)이 있는데, 실제로 만나보면 좀 차이가 나요. 인터뷰를 하다 보면 말을 되게 만져줘야 하는 상황이죠. 또 퀴어에 대해 기승전결을 완벽하게 말할 수 있는 사람을 모실 수 있는것도 아니에요. 이 상황에서 고민이 돼요. 있는 그대로의 퀴어를 재현한다는 건 사실 좀 불가능한 것 같아요. 퀴어를 어떻게 재현할 수 있는지 의문이 들고요. 퀴어에 국한되는 건 아닌 것 같지만 퀴어 서사는 어떤 방향으로 기록되어야 할까, 하는 고민이 있어요.

루인 일단 의도하지 않은 질문은 없잖아요. 어떤 질문을 받고 싶어하는가에 대한 인터뷰이의 의도가 드러나는 게 중요하죠. 어떤 경우에는 제가 인터뷰를 했는데, 하지도 않은 말을 한 것처럼 해 놓은 거예요. 질문자가 한 말을 제가 한 것처럼 해 놓은 거죠. 근데 한편으로는 가공이 필요한 게 녹취를 풀어놓기만 하면 '아, 음' 이런 것 밖에 안 읽혀요. 그래서 사실은 녹취를 잘 푸는 것도 다양한 윤리적인 측면에서도 고민이 필요해요. 어떤 연구자는 녹취를 그냥 풀고 끝내서 일반 사람이 이해할 수 없는 경우도 있죠. 또 어떤 사람은 그래도 이 사람이 말하고자 하는 바의 의도를 이해하려고 노력하고, 그 수준에서 해치지 않기도 해요.

어쨌든 질문자의 의도를 밝혀 나가는 것이 가장 중요해요. 그래야지

독자들이 어떤 질문에서 이 답이 나오는지 파악이 되기 때문이에요. 사실은 질문자의 의도가 무엇인지 인터뷰이가 어느 정도 파악을 하거든요, 딱 들으면 아, 이 사람이 원하는 답은 이것이다, 가 나오니까 여기에 맞게 혹은 다르게 대답할 것인지 여러 가지 고민이 생겨요. 답변을 통해 그걸 어느 정도 가늠할 수 있어요. 그 위치를 잡는 게 우선 중요하다고 생각해요. 인터뷰 내용을 이해할 때 인터뷰 읽는 사람의 태도도 같이 들어가는 건 아닐까 싶어요. 어차피 인터뷰란 그 순간의 재현이에요.

퀴어 서사가 어떤 방향으로 가야되는가는, 어떤 게 옳은지는 저도 잘 모르겠어요. 아시는 분도 있겠지만 케이트 본스타인의 『젠더 무법자』라는 책이 있는데 그 책이 트랜스 서사를 혁신적으로 바꾼 것으로 평가받아요. 트랜스 자서전을 내는 데 엄청난 붐을 일으켰던 책이죠. 자기의 말과 인터뷰이의 증언, 독백 같은 글들을 재배치함으로써 자기 재현의 서사나 트랜스 서사가 단일하지 않은 것임을 드러내요. 그래서 그 책이 '포스트 모던한' 서사, 재현의 정치라는 평가를 받기도 해요. 그 전에 트랜스 서사에 대한 (예를 들면 수술을 했더니 새로운 세상이 열렸어! 아니면 말도 안 되게 아파! 와 같은 이야기 등등) 비판들이 있었기 때문에 나오는 것이죠. 퀴어라는 서사나 기억을 만들 수 있는 기존의 방식을 이용해서 다른 서사를 고민하는 거잖아요. 내가 고민하고 있는 걸 다른 누군가가 갑자기 책으로 써서 엄청난 서사를 만들 수도 있는 거고. 그것이 또 전형적 서사가 될 수도, 새로운 퀴어 서사를 만들 수도 있는 거죠.

봉레오 이제 슬슬 마무리하는 분위기네요. 질문 없으면 여기서 끝내도록 하겠습니다. 준비해주셔서 감사하고 루인님도 고생 많으셨어요.

루인 고생하셨습니다. 감사합니다.

OUTRO

이 토크콘서트 행사는 퀴어서사 아카이빙 프로젝트의 일환으로 미스핏츠가 제작한 책 『새삼스레』의 출판을 기념하여 성소수자 담론을 오프라인으로 확장하고 더 많은 사람들이 스스로에 대해 프라이드를 가질 수 있기를 바라며 기획됐습니다.

기분 좋은 가을날씨와 함께 좋은 사람들과 보냈던 행사는 내내 즐거운 분위기 속에 이뤄졌습니다.

1. 허락된 성소수자 담론을 탈피하며
2. 단순한 한여름밤의 꿈이 아닌, 간직할 수 있는 퀴어 아카이브 기록을 남기고
3. 퀴어 안에서의 여러가지 목소리를 담아내려 했던 『새삼스레』 책의 목적에 이어
4. 성소수자에 국한되지 않고 더욱더 많은 사람들이 자기 자신에 대해 질문을 던지고 스스로에 대해 고민을 하는게 당연하게 받아들여지고자

하는 목표로 준비한 오프라인 행사는 앞에서와 같이 의미있는 이야기들을 남기며 성공적으로 마무리할 수 있었습니다.

100% 사탕수수로 만든 재질의 친환경 종이에 팜플렛을 인쇄했고, 채식인과 비채식인 모두를 만족시켜드릴 수 있을만큼 맛있는 비건 쿠키를 주문해 나눠드리기도 했습니다. 또한 행사 현장에 있는 모든 젠더가 안전하게 이용할 수 있는 성중립화장실 Gender Neutral Restroom 공간도 함께 마련해 불편함이 없도록 했습니다. 그럼에도 100퍼센트 완벽한 행사를 준비했다고 자부할 수는 없지만, 이렇게 준비하며 당연하다고 생각되어온 일상을 다시 되돌아보며 과연 그것들이 마냥 당연하다고만 할 수 있는지 돌아보는 기회로 다가오는 경험을 함께 할 수 있었습니다. 다시 한번 패널로 참석하며 빛내주신 봉레오님과 부인님에 감사의 말씀을 전합니다.

도쿄레인보우프라이드2018

〈TOKYO RAINBOW PRIDE 2018〉 슬로건 이미지

東京レインボープライド2018

프라이드위크 : 4월 28일 - 5월 6일
퍼레이드 : 5월 6일. 도쿄 요요기 공원.
2018 슬로건 : "LOVE&EQUALITY(사랑&평등)"

"모든 사랑에 평등을.
저희들이 미래에 바라는 것은 특별한 권리나 특별한 풍요로움이 아닙니다.
마이너스를 제로의 상태로.
같은 것을 같게.
사랑하는 사람을 자유롭게 사랑하는.
그러한, 당연한 '평등'을 실현하고자 할 뿐입니다.
키스 해링 탄생 60주년인 2018년, 그의 작품과 함께 내건 테마는
'LOVE&EQUALITY'
모든 사랑에, 평등을.
또 다시, 새로운 한 걸음이 시작됩니다"

-도쿄레인보우프라이드 공식 홈페이지에서 행사 소개 내용 중

'나'를 넘어 '너'를 보는 과정

스칼라

3년 연속으로 참가했다. 첫 해는 혼자서, 이듬해에는 옛 인연과, 올해는 새로운 인연과 함께. 이렇게 써놓고 보니 3년 사이에 이것저것 많이 바뀌었다.

첫째 날은 둘이서 부스를 구경하고 둘째 날엔 혼자 퍼레이드에 참가했다. 아예 큰 맘 먹고 퍼레이드 지정 거리인 시부야 일대를 한 바퀴 빙 돌고 왔다. 처음부터 골든 위크ゴールデンウィーク[20]의 땡볕 아래에서 시부야 일대를 한 바퀴 둘러볼 생각은 없었다. 그런데 구글 맵을 여니 5월 5, 6일에만 퍼레이드 루트가 무지개 색으로 예쁘게 강조되어 있었다. 그걸 본 순간 이 무지갯빛 길을 내가 전부 걸어보겠다는 의지가 솟아올랐다.

매년 도쿄레인보우프라이드에 기업 단위의 참가가 늘어나고 있다고 한다. 올해가 사상 최고였다. 대형 SNS 기업을 비롯한 IT 기업뿐만 아니라 일본 금융 계열의 기업이 부스에 참가한게 눈에 띄었다. 일본 금융 기업은 보수적인 이미지가 강해서 큰 기대는 하지 않았기 때문이다. 도쿄 올림픽이 얼마 남지 않았기 때문일까? 도쿄 올림픽 공식 파트너인 미즈호 은행의 상징인 파란 깃발이 유난히 돋보였다. 미즈호 은행은 주택 대출 상품에서 '배우자'의 범위를 동성 파트너까지 확대해 화제가 된 적이 있다.

개인적으로 모의 장례 체험 부스가 기억에 강하게 남았다. 어떤 파트너 관계를 맺고 있든, 결혼을 해서 자식이 있든 없든, 현대사회에서 고독사의 사각지대는 어디에나 있다는 사실을 환기하는 부스였다. 장례 체험을 통해 '나다운' 죽음을 맞이하는 방법, 나다운 장례를 스스로 생각하고 선택하는 것에 대한 의의를 되새기기 위한 취지라고 소개를 들었다.

체험 방식도 인상적이었다. 한 남성이 하얀 관에 들어가자 주최자는 불경을 외며 그가

---

20. **편집자주** 일본에서 4월 말부터 5월 초까지 공휴일이 모여있는 기간

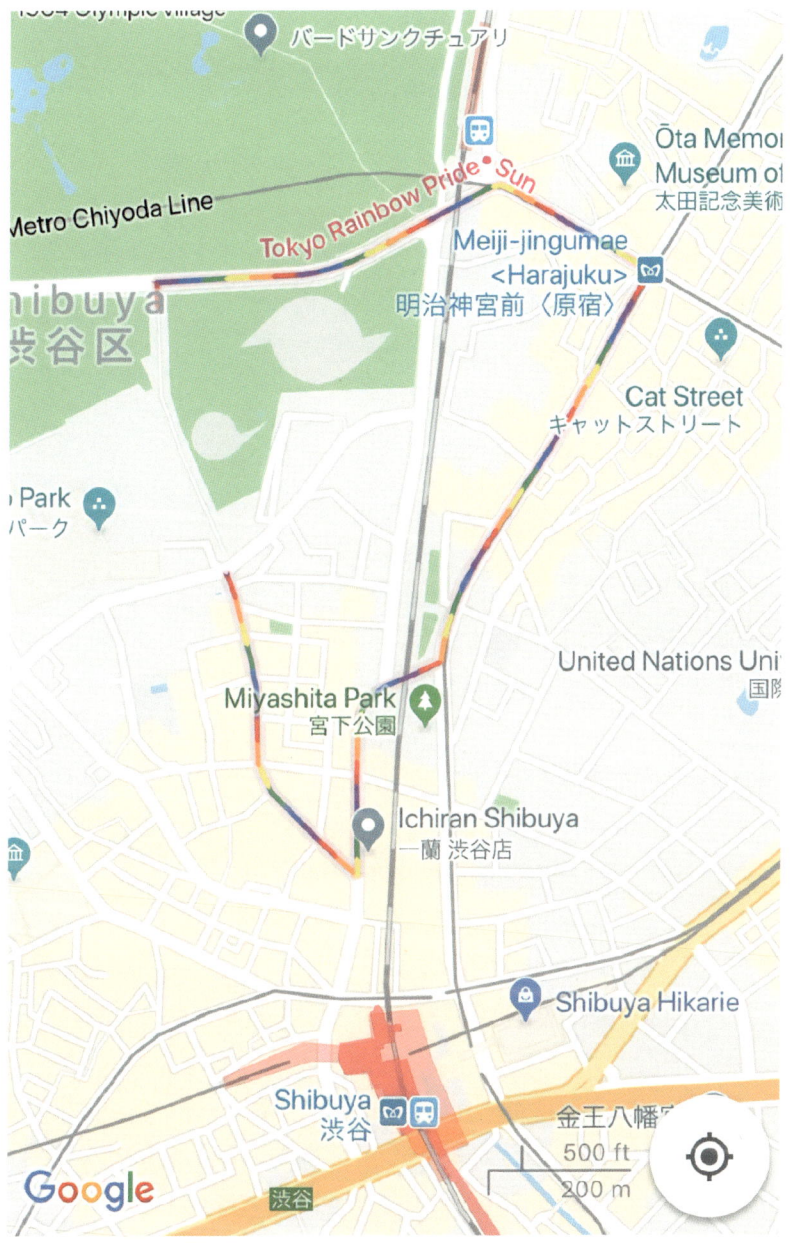

구글 맵에 나타난 퍼레이드 루트의 모습

생전에 얼마나 매력적이고 귀여운 게이였는지 주변 사람들에게 설명한다. 구경꾼은 향을 피우며 그가 좋은 곳에 갈 수 있도록 추모한다. 추모식이 끝나면 체험자는 다시 현실로 돌아와 짧은 감상문을 게시판에 적는다. 조심스레 부탁드리니 나도 공짜로 잠깐 들어갔다 나올 수 있는 기회를 얻었다. 관 안은 생각보다 시원했다.

퍼레이드에도 사상 최다 인원이 참가했다. 일본 기업과 일본에 지사를 둔 거대 글로벌 기업의 대규모 행렬이 제일 처음 눈에 띄었다. 각국의 대사관, 대학 동아리, 한국에서 온 서울퀴어문화축제 관계자분들도 보였다. 최근 일본에서 지방자치 내 동성 파트너십 제도가 늘어나고 있는 분위기에 맞춰 참여한 사법서사연맹의 동성혼 법제화를 지향하는 퍼레이드도 인상 깊었다.

흔히 LGBTQ 라 하면 동성애나 양성애 등 누군가를 사랑하는 성적 지향을 먼저 떠올리기 마련이지만, 그 누구도 사랑하지 않는 성적 지향을 가진 이들도 있다. 무지개 깃발 대신 보라색 띠를 두른 깃발을 내건 그들도 '나 혼자 지내겠다는 선택의 존중'을 외치며 함께 프라이드 행렬을 빛냈다.

나는 행렬을 구경하면서 수많은 퍼레이드 참가자들과 '해피 프라이드'를 주고받으며 하이파이브를 했다. 셀 수 없는 손들과 맞닿았다. 올해도 수많은 어린이, 외국인, 장애인들이 함께했다. LGBTQ 당사자와 그들의 운동을 지지하는 앨라이[21], 앨라이는 아니지만 우연히 지나가다 발길을 멈춘 가족, 이성애자 커플도 많이 보였다. 행진은 질서정연했고 시부야 거리에 있는 그 누구에게나 열려있는 분위기였다. 대열에 참가하려면 사전 등록이 필요하지만 등록만 하면 원하는 대열에 낄 수 있다고 한다.

무지개 루트를 한 바퀴 돌고 다시 요요기 공원으로 돌아와 부스를 돌아다니고 있을 때 우연히 지인과 마주쳤다. 그 사람이 시스젠더 이성애자라 해도 이곳은 모두에게 열린 공간이며 또 그래야 한다고 생각한다. 그런데도 "네가 여기 왜 있어?" 라고

21. 당사자가 아니지만 성소수자 차별에 대해 반대하고 지지와 연대를 표현하는 사람.

스스로 생각해봐도 굉장히 편협한 질문을 하게 됐다. 그러자 다니고 있는 회사가 부스로 참가해 사원인 본인이 부스를 지키러 왔다고 했다. 다양한 사람들이 다양한 이유로 같은 공간을 공유하고 있었다.

내년에는 프라이드가 일정을 조금 앞당겨 4월 말에 개최된다고 한다. 매년 진보하고 있는 프라이드. 내년 프라이드는 또 어떤 모습으로 우리들을 맞이할 준비를 하고 있을까? 프라이드의 진정한 의미는 나 자신을 있는 그대로 존중하는 것을 넘어 타인을 있는 그대로 존중하는 데 있다. '나'에 대한 집착을 넘어 '너'를 보는 과정의 과도기에 완충제로서 프라이드가 존재한다. 프라이드의 진보에 발맞춰 사회가 더 좋은 공동체로 나아가길, 그리고 그 사회에서 프라이드가 더 멋진 축제로 발전하기를 기원한다.

제 10회 대구퀴어문화축제

〈제 10회 대구퀴어문화축제〉 공식 포스터

대구퀴어문화축제 DQCF.(Daegu Queer Culture Festival)

6월 23일. 동성로 대구백화점 앞 민주광장
2018 슬로건 : "퀴어풀 대구(Queerful Daegu)"

"대한민국에서 가장 보수적이라 꼽히는 대구에서 성적소수자들의 목소리를 높이고 지역의 시민사회인권단체와 연대하여 '부당함'에 맞서고 '차별'에 저항하며 뚜벅뚜벅 걸어왔습니다.

지역과 함께하는 축제.

올 해는 'Queerful Daegu'라는 다양성을 강조한 슬로건과 함께 지역의 시민사회단체들이 <대구퀴어문화축제>에 'with you' 를 외칩니다.

대구퀴어문화축제 10주년을 맞이하여, 지역의 예술가들이 창작곡을 만들어 헌정하고, 형형색색 장벽을 만들어 전시를 하고, 대구여성영화제에서 퀴어영화를 상영하며, 레드리본에서는 퍼레이드 당일에 참가자들에게 아이스커피를 무료로 제공하기로 했습니다.

그 동안 한 가지 색으로 인식되었던 보수의 땅 대구가, 6월 23일을 시작으로 퀴어들로 가득 채워진 다채로운 색으로 물들 수 있게 여러분도 함께 해주세요.

Queerful Daegu!"

-대구퀴어문화축제 텀블벅 후원 모집 내용 중

'보수의 성지'에서 '퀴어의 축제' 하기   홍예륜

대구에서도 퀴어 축제가 열린다. 주변 사람들에게 대구 퀴어 축제에 간다고 하면 열에 일곱은 대구에도 그런 게 열리냐며 반문한다. 네, 대구에서도 열립니다. 서울에서만 열리는 줄 알았죠? 그 도시에서도 그런 걸 하냐고 묻는 게 실례일 정도로, 대구의 퀴어 축제는 2009년부터 시작해 올해 십 년차를 맞이하고 있다.

대구의 퀴어 축제는 성소수자 운동에서 서울이 가지고 있는 과도한 중심성에 대한 문제의식에서 출발했다. 한국의 많은 것들, 예를 들어 문화생활, 정치, 고등교육과 마찬가지로 성소수자 운동과 관련된 단체, 활동, 세미나 역시 서울에 집중되어 있다. 더군다나 지방 도시에는 서울에 비해 성소수자 의제가 가시화되어 있지도 않다. 성소수자에 대한 포용력이 높지 않은데다 담론의 유통마저도 특정 도시에 집중되어 있는 한국의 상황은 지방의 퀴어들이 성적 지향성과 정체성에 대한 차별, 그리고 지역 불균등성이라는 이중고에 시달리게 만든다. 이러한 고민들 속에서 내가 사는 지역에서도 뭔가를 해보자는 뜻이 모여 서울 밖에서 첫 퀴어 축제가 만들어졌다. 첫 해엔 트럭에 현수막이 전부였던 대구퀴어문화축제는 지금 천 명이 훌쩍 넘는 사람들이 참가하는 축제로 성장했다.

올해도 역시나 대구는 더웠다. 6월 23일 대구의 최고 기온은 33도였고 축제 참가자들은 여느 때보다도 많았으며, 혐오 집회 참가자도 그만큼 많았다. 경찰과 부스로 겹겹이 둘러싸인 시청 광장에서 열리는 서울퀴어문화축제와는 달리 대구퀴어문화축제는 동성로 한 가운데에 부스가 차려져 있기 때문에 일반 시민들과 축제 참가자들이 마구 섞일 수 있다. 때문에 성소수자에 대해 그다지 관심이 없거나 무지한 사람들도 시내에 나왔다가 괜히 한번 구경하게 되는 것이 대구의 퀴어 축제다. 한편 때때로 혐오 집회자들이 일반 시민인 척 난입을 하기에도 쉽기 때문에 긴장감 역시 높다.

설 연휴 직전 대구퀴어문화축제 조직위 회의에서 조직위원장은 올해는 10주년인 만큼 아주 성대하게 축제를 치르겠노라고 호언장담했다. 그 말대로 올해는 역대 최대 규모의 부스가 참가했다. 축제를 며칠 앞두고 중구청에서 중앙 무대 뒤편의 공간 사용 요청을 허가해준 덕분에 예년에 비해 훨씬 더 넓은 공간과 더 많은 부스로 축제를 꾸릴 수 있었다.

참여 부스 중 주목할 만한 부스로는 국가인권위원회, 국제 엠네스티 한국지부, 구글, 미국 대사관이 있었다. 네 부스는 서울의 퀴어 축제에 참여한 경험이 있는 사람들에게 제법 익숙한 단체들일 것이다. 그러나 대구에서는 그렇지 않다. 이전까지 대구퀴어문화축제는 대구 경북지역 기반의 시민단체와 대학 성소수자 동아리, 정당 지부, 여타 성소수자 단체들의 참여가 주를 이루었다. 이에 반해 기업과 대형 인권 관련 단체, 대사관이 최근들어 참여하기 시작했고 축제가 성장하면서 부스 참여 단체 역시 다양성을 띠게 된 것으로 보인다. 국제 엠네스티 한국지부와 구글은 올해 처음으로 대구 축제에 부스를 냈다. 미국 대사관은 작년부터 대구퀴어문화축제에도 참가하기 시작했다. 위 단체들의 부스 참여로 대구퀴어문화축제의 위상이 이전과는 달라졌음을 확인할 수 있었다.

한편 혐오세력은 인근 2.28 공원에 탈의실까지 마련해놓고 맞불 집회를 준비하고 있었다. 작년에 비해 혐오 집회 역시 규모가 커졌고 더 조직적으로 행동했다. 혐오 집회자들은 2014년 반대집회처럼 흰 티셔츠를 단체로 맞춰 입었다. 그들은 작은 부채를 나눠줬다. 동행한 프랑스인 친구가 혐오 집회자들이 나눠준 부채에 그려진 4인 가족 그림을 보고 프랑스에서도 혐오 세력이 같은 그림을 사용한다고 알려줬다. 혐오 집회자들은 더러 부스 앞을 막아서고 사람들이 부스로 진입하는 것을 막기도 했으며, 퍼레이드 시간이 가까워지자 '대백 남문'으로 모이라고 서로에게 소리치며 퍼레이드 경로에 운집하기 시작했다.

결국 혐오 세력의 방해 때문에 퍼레이드는 40여 분 간 정체됐다. 경찰은 혐오 집회자들과 퍼레이드 참가자들 사이를 막아섰지만 그 이상 적극적인 조치를 취하지 않았다. 퀴어 축제 측이 적법한 집회신고 절차를 거쳐 퍼레이드 경로를 사전에 허가 받은 것을 생각하면, 집회의 권리를 제대로 보장해주지 못한 경찰의 대처가 매우 아쉬웠다.

퍼레이드 행렬은 혐오 집회를 피해 트럭을 포기하고 경로를 아예 바꾸어 한일 극장으로 나가 공평로를 거쳐 대구광역시청 앞을 돌아서 다시 들어오는 경로를 택했다. 흥을 돋우는 노래와 춤사위는 없었지만, 대구 시청 앞에서 농성을 하고 있던 장애인 단체에 깜짝 연대 방문을 하는 등 퍼레이드의 즐거움은 여전했다. 오히려 예상치 못한 경로로 행진해 길가에 바글거리던 혐오 집회자들이 없어 몹시 쾌적한 퍼레이드였다.

대구는 한국에서 가장 보수적인 지역이라고 한다. 대구퀴어문화축제가 열리기 열흘 전에 있었던 지방 선거는 자유한국당이 아직 대구와 경북 지역에서 건재함을 보여주었다. 동대구역을 나서자마자 빨간색 선거 현수막이 온 사방에 있는 것을 보고 제주에서 24년을 산 친구는 놀라움을 금치 못했다. 안타깝게도 한국의 주요 정당 중 성소수자 인권에 관심을 가지는 정당은 그다지 많지 않으며, 보수 정당들은 특히 실망스러운 인권 감수성과 젠더 감수성을 보여주고 있다. 이 때문에 지방 도시, 특히 '보수의 성지' 대구에서는 퀴어 축제와 같은 역동성이 있을 거라고 예상하기 어렵다. 퀴어문화축제를 조직하는 활동가들조차 대구의 척박함에 난색을 표한다. 그럼에도 대구의 퀴어 축제는 낙동강과 팔공산이 한 번은 바뀌었을 십 년 동안 지역의 축제로 자리매김하고 있으며, 성소수자들의 인권을 위해 '보수의 성지' 대구를 '퀴어풀' 대구로 변화시키고 있다.

대구퀴어문화축제를 개최하기까지 홍예륜

제 10회 대구퀴어문화축제를 개최하는 과정은 녹록치 않았다. 지역의 성소수자 활동가들은 지긋지긋한 혐오세력 뿐만 아니라 도시 정부도 상대해야 했다. 퀴어 축제를 개최하는 데에는 도시 정부와 경찰의 협조가 반드시 필요하다. 축제가 열리는 도심지의 공공공간이 도시 정부의 관할 하에 있기 때문이다. 도시 정부는 누가 도로나 공원, 광장과 같은 공공 공간을 사용할 수 있느냐에 대한 문제에 있어 그 결정권을 배타적으로 소유하고 있다. 대구퀴어문화축제의 경우 대구시 중구청에 축제를 개최하는 동성로 및 야외무대에 대한 시설 사용 허가, 그리고 지방경찰서에 퍼레이드를 위한 일시적인 도로 사용 허가를 받아야 한다. 퀴어문화축제 조직위는 집시법에 따라 경찰에 사전에 퀴어문화축제 퍼레이드 경로를 신고해야 한다. 우리나라의 집시법은 문화예술 또는 친목에 관한 옥외집회는 신고를 의무화하지 않지만, 퀴어 축제는 성소수자의 권리 증진을 위한 사회운동의 성격을 가지고 있어 신고 대상이다. 집회 및 시위는 기본적으로 신고제로 이루어지고 있으나 경찰 측에서 신고된 집회를 반려할 수도 있다는 점에서 허가제의 성격 또한 일부 가지고 있으며, 이는 매년 퀴어문화축제를 준비하는 데 긴장과 갈등을 낳는 원인이 되기도 한다.

퀴어 축제는 성소수자의 존재를 대중에게 '보여주는' 것에 기본적인 의의가 있다. 이 때문에 도로나 광장 같은 공공 공간이 필요하다. 대중의 움직임이 많은 도심지의 공공공간은 성소수자 가시화라는 목표를 달성하기에 최적의 장소이다. 그러나 공간에 대한 사용권을 획득하는 과정에서 관계당국의 소수자 혐오적인 태도는 지역 활동가들에게 좌절을 주기도 한다. 2015년은 제 7회 대구퀴어문화축제를 두고 축제 조직위와 중구청, 경찰이 가장 첨예하게 갈등을 빚었던 해이다. 당시 대구 중구청은 축제를 개최하기에 앞서 돌연 무대 사용 허가를 취소했다. 시민안전과 공공질서 유지, 미풍양속 저해라는 자치규정상의 이유였다.[22] 같은 해에 대구 중부경찰서 역시 신고된 퍼레이드 경로를 교통 및 안전상의 이유로 불허했다.

22. 대구 중구청, '퀴어축제' 동성로 무대 사용 불허 논란, 평화뉴스, 2016.06.02, www.pn.or.kr/news/articleView.html?idxno=13479

제 10회 대구퀴어문화축제 동성로 야외무대 사용신청서, 출처 대구퀴어문화축제 공식 페이스북 페이지

퀴어들이 도시 한복판에서 축제를 연다는 것에 매우 심기가 불편하신 분들 덕분에
축제를 개최할 장소를 구하고 집회를 신고하는 과정은 축제 준비를 위한 여러 일들
중에서 가장 긴장감 넘치는 일이다. 혐오 세력은 대구시청이나 구청, 경찰 측에 민원을
넣고, 집회 신고가 선착순으로 이루어지는 제도를 악용해 집회 신고 순서를 새치기할
기회를 호시탐탐 노리기도 한다. 이러한 혐오에 대응하는 것은 지역 사회 내의 연대와
네트워킹이다. 대구는 퀴어 축제를 구심점으로 한 지역 사회의 연대가 가진 힘을
강조하고 있다. 앞서 언급한 중구청과의 갈등에서 지역 사회는 공공공간을 사용할 수
있는 권리는 누구에게 있는지 질문하는 1인 릴레이 시위를 진행했다. 이 때 대구경북
지역의 다양한 시민단체에 기반을 둔 시위자들은 성소수자들이 야외무대를 사용할
수 없다면 장애인/여성/노동자/이주자 등도 사용할 수 없냐는 내용의 피켓을 들고
대구시청 앞에서 구청의 결정에 항의했으며, 결국 중구청은 취소처분을 번복했다.

또한 대구퀴어문화축제는 집회 신고 방해에 대한 대응 차원과 지역 사회의 연대
차원에서 집회신고를 위한 줄서기를 하고 있다. 보통 집회신고가 가능한 축제
30일 전 자정을 기점으로 사나흘 간 혐오 세력이 먼저 집회신고를 하지 못하도록
경찰서 앞을 지킨다. 올해는 5월 19일부터 5월 24일로 넘어가는 자정까지 4박
5일간 대구중부경찰서 앞에서 집회신고를 위한 줄서기가 있었다. 나는 마지막
날인 23일 오후부터 줄서기에 동참했다. 천막은 중부경찰서 입구를 마주한
대구근대역사박물관 한쪽 벽면을 따라 설치되어 있었다. 천막에는 녹색당
대구시당과 대구경북이주여성인권센터에 소속된 활동가분들이 있었다. 허락을 받고
방명록과 천막 지킴 기록을 보니 이미 많은 사람들이 다녀간 흔적과 익숙한 이름의
단체들이 눈에 띄었다.

같이 천막을 지키는 사람들과 몇 마디 이야기를 나누며 늘어져있던 와중, 한 시민이
지나가다 지금 무얼 하고 있느냐고 질문했다. 순간 당황했다. 중년에서 노년 사이의
남성으로 보이는 저 사람이 성소수자에 대해 얼마나 이해할지, 혹시나 혐오 발언을
내뱉진 않을지 온갖 생각이 머릿속을 스쳤다. 혼자 식은땀을 흘리는 사이 같이

집회 신고를 위한 줄서기에 설치된 천막

천막을 지키고 있던 녹색당 소속의 다른 활동가 분이 능숙하게 퀴어 축제와 줄서기의 취지를 설명했다. 질문을 했던 시민은 그럼 수고하시라고 인사를 한 뒤 다시 발걸음을 옮겼다. 그제야 긴장이 풀렸다. 예상에 비해 시민들은 잘 받아들여 주었다. 간결하면서 이해하기 쉬운 답변에도 감탄했다. 다년간의 연대가 이렇게 나타나는구나 싶었다.

줄서기 마지막 날이었던 이 날은 저녁 7시 경에 작은 문화제가 있었다. 저녁이 되자 사람들이 하나둘 합류하기 시작해 낮엔 한산했던 천막이 금세 북적였다. 이전에 몇 번 만나 안면이 익은 한 활동가 분도 퇴근 후 줄서기 현장에 왔다가 나를 발견하고

'이게 뭐라고 서울에서 대구까지 왔냐'며 인사해주셨다. '뭐긴 뭐죠.'라고 답변하고 사람들을 도와 문화제를 위해 천막을 정리했다. 천막을 걷어 정리한 자리에 돗자리를 깔고 작은 앰프를 설치해 단출하게 자리를 마련했다. 사람들이 자리에 앉고 연대발언이 시작되었다. 배진교 조직위원장의 발언을 시작으로 민주노총 대구본부, 대구경북여성단체연합, 대구장애인인권단체 등 대구퀴어문화축제에 연대하는 단체에 소속된 분들이 발언을 이어 나갔다. 발언하지 않더라도 사람들은 제각기 연대의 뜻을 표현했다. 한 목사님께서는 연대의 의미로 직접 기른 상추와 빵을 나눠주시기도 했다.

마침 지방선거를 앞둔 기간이라 대구시의 진보정당에서 활동하는 사람들도 많이 만날 수 있었다. 초록색, 노란색, 그리고 빨간색 바람막이 혹은 조끼를 입은 사람들이 선거 운동을 마치고 헐레벌떡 문화제에 합류했다. 한창 바쁠 선거 기간에 당과 후보자의 이름이 크게 적힌 삼색의 옷을 입은 사람들이 한데 모여 있는 것을 보자 "여기가 대구 진보정치의 핵이네요"하고 웃음이 터져 나오면서도 속으로는 꽤나 감동받았다. 정말로 '이게 뭐라고'. 대구에서 이런 사람들이 진보 정치를 일구고 있으며, 퀴어 축제가 이들을 묶는 이벤트임을 새삼 실감했다. 정의당 대구시당 일로 마침 대구에 일정이 있었던 심상정 의원도 깜짝 연대방문을 했다. 짧은 시간이었지만 심의원의 방문에 힘입은 사람들은 발언을 다시 이어나갔다.

치킨과 맥주를 먹으며 웃고 떠드는 새 자정이 훌쩍 다가왔다. 다같이 자리를 정리하고 현수막을 들고 경찰서 정문 앞에 모였다. 연대에 감사를 표하는 위원장의 마지막 발언이 끝나고 열두 시 정각을 향한 카운트 다운이 이어졌다. 4박 5일의 기다림 끝에 드디어 경찰서 문이 열렸고 제10회 대구퀴어문화축제를 위한 집회 신고가 들어갔다. 30분 후, 경찰서를 나오는 배진교 위원장의 손에는 집회 신고를 완료한 서류가 들려 있었다. 걱정과는 달리 다행히 여러 사람들의 수고와 시민들의 지지로 올해 퀴어문화축제를 위한 집회 신고는 큰 어려움이나 갈등 없이 마무리되었다.

다만 시민사회에 비해 아직까지 정부의 지원이 미미하다는 게 몹시 아쉽다. 한국의 도시 정부들은 공간을 내어주는 것 이상으로 지원하지 않으며, 오히려 그 놈의 '중립성'과 보수성의 철옹성에서 나올 생각을 하지 않는다. 대구시 문화재단에서 운영하는 대구축제닷컴[23]에는 섭섭하게도 대구 퀴어축제에 대한 소개가 없다. 이번 지방 선거로 새로 당선된 중구청장이 내년 동성로 야외무대 사용을 순순히 허가해주리란 보장도 없다. 경찰이 열과 성을 다해 집회의 자유를 보장해주리라고 마냥 믿을 수도 없는 노릇이다. 이러한 한국의 사정과는 사뭇 다르게 호주는 지방 정부가 퀴어 축제를 재정적으로 지원하는 경우가 있다.[24]

한국은 방해나 안하면 다행인 와중에 재정을 지원해 준다니. 부러운 노릇이다. 마냥 무시하기에 한국 퀴어문화축제들은 해가 갈수록 규모와 화제성이 커지고 있다. 언론 보도도 퀴어 축제의 선정성과 혐오세력과의 충돌에 집중하던 이전과 다르게 논조가 바뀌어가고 있는 듯하다. 외국의 대사관들은 발 빠르게 한국의 성소수자 의제에 지지를 표하고 있으며 그 중에서도 미국대사관은 대구퀴어문화축제에 2년째 부스를 내고 있다. 퀴어 축제들이 더욱 커져서 도시 정부가 좀 더 적극적인 역할을 취하지 않고는 못 배길 날, 퀴어 축제가 열리는 도시들의 시청 위에도 무지개 깃발이 내걸릴 날이 조만간 오길 바란다.

---

23. daegufestival.com/fesitival 24. Markwell, K., & Waitt, G. (2009). Festivals, space and sexuality: Gay pride in Australia. Tourism Geographies, 11(2), 143-168.

제 19회 서울퀴어문화축제

〈제 19회 서울퀴어문화축제〉 공식 포스터

서울퀴어문화축제(SQCF. Seoul Queer Culture Festival)

7월 14일. 서울광장
2018 슬로건 : "퀴어라운드(Queeround)"

"당신의 주변(Around)에는 항상 우리-성소수자-퀴어(Queer)가 있습니다.
이제 우리-성소수자-퀴어(Queer)의 라운드(Round)가 시작됩니다.
국가인권위원회부터 서울광장, 대한극장까지! 서울의 역사적인 공간들에서
서울퀴어문화축제가 진행됩니다.
서울의 역사적인 공간들이 퀴어라운드가 됩니다.
퀴어한 서울을 누리세요. 참여자 여러분의 권리입니다."

-서울퀴어문화축제 공식사이트 소개 중

일본인 여자친구와의 첫 서울퀴퍼 데이트   스칼라

도쿄레인보우프라이드에 3년 연속으로 다녀왔고 그에 만족하는 사람으로서, 도쿄보다 규모도 작고 사이 좋게(!) 반대 시위가 열린다는 서울퀴어문화축제에 굳이 가보려는 마음이 처음부터 있진 않았다.

7월 일정을 정리하던 참에 도쿄레인보우프라이드를 함께 갔다 온 여자친구가 있었기 때문일까. 마침 그때 내 고향 한국에 가보고 싶다고 여자친구가 말했기 때문일까. 여러 가지 타이밍이 기적처럼 겹친 덕에 나는 여자친구와 서울여행을 결심했다.

결론부터 말하자면 서울에는 도쿄와 전혀 다른 놀라움과 감동, 재미가 있었다. 입구 주변에서부터 반대 세력이 우리를 반겼다. 도쿄에서 볼 수 없는 진풍경인데다, 여자친구가 그들을 보면서 즐거워했으니 서울 명물 하나 제대로 구경한 것 같았다. 시청 광장과 부스는 작고 좁았다. 사람은 많은데 좁아서 도저히 앞으로 나아갈 수 없었다. 잔디밭을 둘러싸고 부스와 무대가 줄지어 있는 건 좋았다. 평소에는 하기 힘들지만, 이날만은 손을 잡고 잔디밭을 거니는 경험을 조금이나마 할 수 있어서 만족했다. 거대한 깃발이 많은 것도 흥미로웠다. 가로로 긴 현수막을 들고 퍼레이드를 하는 건 도쿄에서 많이 봤지만 장대 깃발을 사람이 들고 있는 모습은 서울에서 처음 본 것 같다. 그런 깃발도 좋았다.

역동적인 이벤트, 퍼레이드의 규모와 행진 루트는 도쿄의 두 배 이상이지 않았을까 싶다. 반대 세력이 함께 퍼레이드를 하는 것도 진풍경이었지만, 의경들이 배치되어있는 모습, 서울 중심부를 통째로 행진하는 퍼레이드 루트, 반대 세력을 향해서 큰 소리로 환호하는 수많은 참가자들, 자유롭게 참가 가능한 퍼레이드 분위기가 도쿄와 사뭇 다른 모습이었다. 나 또한 퍼레이드 자체에 참가해 거리를 활보하는 건 이번이 처음이었다. 이 축제와 행진을 위해 얼마나 많은 사람들이 정성을 다해 노력했을까. 나는 평소에 내 연애 스펙트럼에 동성이 포함되며 큰 범위를 차지하고 있다는 사실을

그다지 숨기지 않는다. 커밍아웃에는 다양한 형태가 있으니까 자리를 만들어 말을 꺼내기보다는 술자리 등에서 연애나 결혼 이야기를 할 때 자연스럽게 대답한다. 이성애자인 친구와 수다를 떨 때도 '친구의 남자친구'와 '나의 여자친구'는 언제나 동등한 화제다. 서로의 연애를 참고해 새로운 관점을 배우기도 한다.

일본 역시 아직도 언론이나 미디어 작품, 심지어 교육적인 장소에 차별적인 태도가 뿌리 깊게 존재한다. 자민당 스기타 미오 의원의 "LGBT는 생산성이 없다"는 발언이 물의를 빚은 적도 있다. 그러나 그들에게 문제를 제기하는 이들도 동시에 존재한다. LGBT를 억압하는 사회를 비판하는 사람들, 스기타 의원의 발언은 잘못됐다고 주장하는 정치인들이 공존한다.

한국도 비슷한 상황이라고 전해 들었다. 하지만 내가 한국에 살며 연애하는 상황이었다면, 지금과 같이 '오픈'하게 지낼 수 있었을지 잘 모르겠다. 어떻게라도

차별하겠다는 이들의 합창과 행진보다, 어린아이의 손에 쥐어진 동성애 반대 부채, 중고등학생 정도로밖에 보이지 않는 친구들의 반대 무대 공연을 지켜보며 더 마음이 무거워졌다.

— 편집자 주 - 스기타 미오 의원의 발언 —

신초사에서 발간하는 『신초45』 8월호에서 자유민주당의 스기타 미오杉田水脈 중의원 의원衆議院議員이 LGBT에 대한 지원의 도가 지나치다「LGBT」支援の度が過ぎる라는 글을 기고했다.[25] 동성커플은 아이를 낳지 않기 때문에 '생산성生産性'이 없다고 하며 LGBT를 위해 세금을 사용하는 것에 대해 부정적인 논조의 글을 써 논란이 되었다. 그에 대해 동성파트너와 함께 결혼식을 올린 적 있는 성소수자 당사자 오츠지 가나코尾辻かな子 입헌민주당 중의원 의원은 인터뷰[26]에서 아래와 같은 의견을 밝혔다.

'「생산성」으로 인권을 논하는 위험성'
―― 이번 '생산성' 문제는, 예를 들어 이성애자 커플이라 하더라도 아이를 가지지 않는, 또는 가질 능력이 없는 커플이나, 장애, 부상, 질병 등으로 사회에서 노동을 하기 곤란한 사람들을 향한 차별로도 연결될 수 있습니다.

인간을 '생산성'으로 평가한다는 것은 우선 의원이기 이전에 한 사람의 인간으로서 용서하기 힘든 부분입니다. 게다가 의원이라는 입장에서 그런 단어를 사용한다는 것은 굉장히 위험한 일입니다. 사가미하라相模原시 장애인 시설에서 19명의 목숨을 빼앗은 사건을 일으킨 범인은 '중증 장애인은 안락사시키는 것이 낫다'라는 이유로 범행을 일으켰다고 보도되었습니다. 이러한 시대의 척도를 바탕으로, 도움 되지 않는 것을 배제하는 우성사상을 상기시키는 표현이라고 봅니다."

---

25. 杉田水脈, 「「LGBT」支援の度が過ぎる」 『新潮45』, 新潮社, 2018.8, pp. 57-59 26. "아픔이나 분노를 공유하는 사람들이 있다는 것, 제게 있어 그것은 희망입니다(痛みや怒りを共有するひとたちがいること、わたしにとってはそれが希望です)", 입헌민주당 공식 사이트, 2018. 08. 19, cdp-japan.jp/interview/13

그래서 더욱 소중한 행사였다. 일상에서 마주하는 편견과 억압을 포용할 수 있는 찬란한 무지갯빛을 지닌 수많은 사람들이 있었고, 그 사실을 다시금 확인할 수 있었다. 한국에서 열리는 퀴어축제는 재미없을 것이라는 내 편견도 동시에 깨졌다.

축제 분위기로 후끈한 서울 시내 한복판에서 동성연인과 손을 잡고 여유롭게 거닐 수 있는 날. 여자친구의 첫 한국 방문은 서울 퀴어 퍼레이드와 함께했다. 오랜만에 만난 서울은 내게 상상 이상의 선물을 가득 선사해줬다.

우리 무지개길만 걸어요   이점

야호! 퀴어의 달이다!

6월이 되면 두근거리기 시작한다. 국제 성소수자 혐오 반대의 날인 아이다호데이[27]가 지나고 대구와 서울에서 각각 퀴어문화축제 일정을 공개하기 때문이다. 특히 2016년 이후로 대구, 서울 외 다양한 지역에서 퀴어문화축제가 열려 한반도가 무지갯빛이 되는 듯 신이 난다.

2016년 서울퀴어문화축제 참가를 시작으로 2017년 대구퀴어문화축제, 2018년 전주퀴어문화축제, 2018년 서울퀴어문화축제까지. 벌써 네 번이나 참여했다. 나름 프로… 퀴어문화축제참가러가 아닐까? 라고 스스로 생각했지만, 2018년 서울퀴어문화축제는 사람도 많고 설상가상 더위도 만만치 않아 퍼레이드를 따라갈 때 언제 쓰러져도 이상하지 않겠다 싶었다.

실제로 부스를 지키며 소방관이 분주하게 오가는 걸 봤다. 누군가 쓰러진 건 아닐까 걱정이 들었다. 퍼레이드 중간에

펴..평양까지! (각 지역 퀴어문화축제와 직간접적 상관없는 계정은 필터링했다)

편의점이나 카페로 이탈하거나 진행로 갓길에 주저앉아 부채질을 하는 사람들도 있었다. 퍼레이드를 마치고 다시 부스로 돌아올 즈음에 만져본 팔뚝은 끈적임이

---

27. International Day Against Homophobia, Transphobia and Biphobia, IDAHOT, 매년 5월 17일이며 1990년 WHO에서 '동성애'를 질병으로 분류되지 않겠다고 발표한 날이다.

느껴지지 않을 정도로 땀에 흠뻑 젖어있었다. 문득 퀴어문화축제 참가자들을 혐오세력으로부터 뿐만 아니라 기상으로부터 안전하게 보호하는 것도 시급하다고 느껴졌다.

누구를 위해 스크럼이 풀리는가

제 19회 서울퀴어문화축제는 여러모로 감회가 새로웠다. 먼저 여러 지역에서 퀴어문화축제가 개최되며 서울에서 열리는 퀴어문화축제의 공식 명칭이 이번 회부터 '한국퀴어문화축제'가 아닌 '서울퀴어문화축제'가 된 지점이 있다. 항상 서울이 기본값이 되는 일이 많기 때문에 타 지역민으로서 서울이라는 지역명을 붙이는 것은 굉장히 기쁜 일이다. 또 다른 지점은 꼭 보고 싶었던 것을 본 기념비적인 날이기도 했다는 점이다. 그동안 운이 좋은 건지, 나쁜 건지 단 한 번도 퍼레이드에 혐오세력이 난입한 것을 실제로 본 적이 없었다. 그러다 이번 퍼레이드에서 혐오세력이 난입해 행사 진행을 약 10분 정도 지연시키는 걸 직접 목격했다. 동성애를 조장하는

군인권센터를 폐지하라, 라는 구호를 외치며 퍼레이드 트럭 앞에 드러누워 스크럼을 짠 혐오세력들. 나의 운동권 친구는 스크럼이 아주 본격적인데? 라며 칭찬했다. 퍼레이드 참여자들은 그 모습을 두려워하지 않았다. 오히려 그들에게 '집에 가!', '쪽팔리지도 않냐?'라며 소리치고 어떤 사람은 그를 배경으로 셀카까지 찍었다. 민주노총 깃발을 든 모 노동조합 선생님들은 스크럼을 슬쩍 보고는, 5분 안에 끌어내릴 수 있겠는데? 하고 허허 웃었다. 올해 대구퀴어문화축제에서도 비슷하게 퍼레이드를 방해하는 혐오세력 때문에 행사가 지연되었다는 이야기를 들었다. 트럭 앞에 스크럼을 짠 혐오세력은 5분 뒤, 경찰의 제지로 와해되어 퍼레이드 트럭이 10분 만에 다시 출발할 수 있었다.[28] 그들은 자신들을 끌어내리는 경찰에게 이거 놓으라며 절박하게 화를 냈다. 그들은 진심으로 서울퀴어문화축제에 참여한 성소수자들을 동성애에서 탈출시키고 구원해야한다는 생각을 하고 있는 것 같았다. 물론 그러기엔 너무 많은 참가자들이 그 장면을 즐기고 있었지만 말이다. 다음 트럭으로 이동하는 나의 옆에서 한 참가자가 "히히 너무 재밌다!" 라며 웃었다. 재밌죠? 라고 묻자 그는 여전히 웃으며 "네! 너무 재밌어요! 계속 했으면 좋겠어요!"라고 대답했다. 그리고 작은 무지개 깃발을 흔들며 나를 지나쳐 다음 트럭을 향해 달렸다. 계속이라.

축제가 계속되기 위해서

더위에 지치지 않을 수 없는 하루였다. SNS 상에서 하느님이 성소수자도, 혐오세력도 평등하게 지져버렸다는 이야기가 많은 사람들의 공감을 얻었다. 이번 서울퀴어문화축제 적자가 심각하다는 글도 타임라인에 흘러왔다. 섭씨 30도를 훌쩍 넘는 더위 때문인지, 앞으로 어떻게 해야 좋을지 감이 잡히지 않아서인지 등에 서늘한 땀이 흘렀다. 복권이라도 당첨되면 걱정 없이 퀴어문화축제하세요! 라며 이곳저곳 열리는 퀴어문화축제에 후원할 텐데. 많은 성소수자와 앨라이가 퀴어문화축제를 즐기고 있는 게 사실이지만, 현실의 벽에 부딪혀 퀴어문화축제가 더위에 녹아 흘러가는 아이스크림처럼 사라진다면 얼마나 슬플까.

28. 그렇다고 경찰들이 적극적으로 대응한 것은 아니다. 한참 가만히 지켜봤고, 퍼레이드 스탭이 경찰 쪽에 꾸준히 클레임을 넣었다.

게다가 내년이 20회째라는 서울퀴어문화축제. 서울퀴어문화축제가 이토록 역사가 길 줄 생각하지 못했다. 내가 서울의 퀴어문화축제를 알게 되기까지 얼마나 많은 사람들의 노력이 있었을까. 19회라는 횟수를 유지하기 위해 많은 사람들이 발 벗고 나섰다. 이 축제가 더욱 확장되기를 바란다면 본전 그 이상이 필요하다. 앞으로 어떻게 해야 할까. 내년에 20회 기념으로 정말 크게 했으면 좋겠다 싶으면서도 설마 내년에 안 열릴…까? 하는 걱정이 동시에 들었다. 무지개길만 걸었으면 하는 마음으로 도움이 되길 바라며 서울퀴어문화축제 후원계좌에 조금이나마 입금했다. 부디 내년에는 화려하고 완벽하지 않아도 좋으니, 우리 모두가 본 모습대로 살아갈 수 있는 사회에서 제 20회 서울퀴어문화축제가 열리기를.

덧. 공공장소에서 이성애 전파하는 사람 본 이야기

서울퀴어문화축제가 끝난 다음 날, 정류장 근처 스타벅스에서 친구와 집으로 돌아가는 버스를 기다렸다. 그런데 카페 한 편에 앉아있던 분이 예수문화축제에서 나누어주던 동성애 반대/이성애 부채를 흔들고 있었다. 나와 친구는 그 사람이

묘하게 신경 쓰였다. 다행히 곧 그 사람의 일행이 도착해 부채를 내려놨고, 무언가 설명하려는 듯 파일을 꺼내기에 일하려나보다 생각한 순간, 그 사람은 지인에게 이성애를 전파하기 시작했다.

인터넷에 흔히 돌아다니는 서울퀴어문화축제의 악의적인 부분을 파일에 스크랩해 일행에게 설명하며 여성과 남성의 조합이 신이 만든 당연한 조합이라고 말했다. 나와 친구는 신경이 쓰이지 않을 수 없었다. 공공장소에서 이성애 전파하는 사람은 처음 봤으니까… 어떻게 공공장소에서 이성애를 전파한담. 수근수근.

제 1회 인천퀴어문화축제

2018 제1회
인천퀴어
문화축제

퀴어IN天
하늘도, 우리편!

2018.9.8
11AM~6PM
동인천북광장

11AM 부스행사 2PM 공연 4:30PM 퍼레이드 5:30PM AFTER PARTY 6PM 부스종료 / 폐막

주최 인천퀴어문화축제 조직위원회   후원  인권재단사람

연대단체

건강과나눔 노동당인천시당 민중당인천광역시당 사)장애인자립선언 사회변혁노동자당 알바노조인천지부
인천녹색당 인천사람연대 인천여성민우회 인천여성회 인천장애인차별철폐연대 인천평화복지연대
정의당인천시당성소수자위원회 성공회인천나눔의집 청소년인권복지센터내일 한국다양성연구소

후원계좌 신한은행 140-012-342005 (인천퀴어문화축제 조직위원회)

〈제 1회 인천퀴어문화축제〉 공식 포스터

인천퀴어문화축제(ICQCF. Incheon Queer Culture Festival)

9월 8일. 동인천역 북광장 일대
2018 슬로건 : "퀴어in天, 하늘도 우리 편"

"인천 PRIDE! 퀴어 PRIDE!
인천 첫 퀴어문화축제가 이륙합니다. 같이 뜰까요?

"인천시의회 인권조례 없음"
"인천시 인권센터 및 관련 담당부서 없음"
"기초단체 11곳 중 인권센터 단 1곳"

'인권 불모지' '이부망천' '마계인천' 등으로 불리며 그저 서울의 부속도시로
여겨지던 도시.
2018년 9월 8일! 인천에서 비로소 우리들의 축제가 펼쳐집니다.
첫 인천퀴어문화축제는 정말이지 소소한 우연으로 시작되었습니다.
어느날 SNS에 누군가 "인천도 퀴퍼 해야죠~!!"하고 흘린 말에 우리 모두
약속이라도 한 듯 열정을 불태우기 시작했거든요.
"서울 가면 되지 뭐하러 인천에서 하나요?" 같은 질문에 준비위원들은 인천에서
꼭 해야 하는 이유를 한 백개쯤 토해냈어요.
꿀릴 것 있나요? 쫄 것 있나요? 여기, 퀴어가 살고 있는데요.
우리가 사는 마을, 내가 사랑하는 도시를 꼭 무지개 자긍심으로 빛나게 하고
싶습니다.
첫 축제라 좌충우돌하며 더듬더듬 길을 찾아가고 있지만 우리다운, 퀴어다운,
인천다운 축제를 만들어내겠습니다."

-인천퀴어문화축제 텀블벅 후원 모집 내용 중

그래도 "우리는 여기 있다"

린

9월 8일은 인천에서 첫 퀴어문화축제가 있었던 날이자, 한국에 소수자를 향해 폭력을 휘두르는 사람이 얼마나 많은지 적나라하게 목격할 수 있었던 날로 기억될 것이다. '하늘도 우리 편'이라는 인천퀴어문화축제(이하 인천퀴퍼)의 슬로건처럼 날씨는 청명했고, '첫 퀴어문화축제인데 참가자가 많을까?'라는 우려를 불식시킬 만큼 많은 이들이 왔다. 하지만 축제를 즐기기 위해 온 사람들을 막아선 것은 '사랑'이라는 이름의 폭력으로 무장한 혐오세력들이었다.

누구도 피해갈 수 없었던 폭력

9월 8일 아침 일찍부터 트위터를 통해 '인천퀴퍼가 열리는 동인천역 북광장을 혐오세력이 점거해 어떤 축제 준비도 할 수 없는 상태다'라는 소식이 들려왔다.

미스핏츠 멤버들은 걱정을 품은 채 오전에 광장에 도착했다. 후원자들에게 전할 선물을 가득 들고 택시에서 내리니, 우리 눈 앞에 펼쳐진 것은 무지갯빛으로 물든 광장이 아닌 어림 잡아 수백 명 가량의 혐오세력들이었다. 인천퀴퍼 스태프는 광장이 혐오세력으로 둘러싸여 지금은 아무도 들어갈 수 없다고 알렸다. 일단 광장 이곳저곳에 진을 치고 있던 혐오세력들로부터 떨어지려는데 '동성애 반대', '사랑하니까 반대합니다'등의 피켓을 든 이들이 우리를 에워쌌다. 귀에 온갖 폭언이 날아와 꽂혔다.

"이 나라를 좀 먹는 놈들아!"
"집에 가! 집에 가라고!"
"어머니가 집에서 울고 계신다!"
"너희들은 지금 죄악을 저지르고 있다!"

"그러다가 에이즈 걸린다!"
"에이즈 걸리면 취업도 안 되고 인생도 망치는 거야!"

듣지 않으려고 해도 너무 많은 사람들이 축제 참가자들을 향해 폭언을 내뱉고 있었다. 비켜 가려고 해도 그들은 자꾸 참가자들 앞으로 뛰어들며 피켓을 코앞에 들이댔다. 다행히 미스핏츠 멤버들을 포함한 많은 참가자들이 함께 있었기에 꿋꿋이 걸어갔지만, 한편으로 울컥했다. 단시간에 이렇게나 많은 혐오발언을 들어보는 것은 처음이었다. 몇 년이 넘게 퀴어 인권과 관련된 활동을 하면서 혐오발언에는 꽤 익숙해졌다고 생각했는데, 쉴 새 없이 귀에 날아와 꽂히는 폭언을 듣고 있자니 정신이 멍해졌다. 나도 모르게 자꾸만 위축되었다.

겨우 한 쪽에 모여 있는데도 혐오세력은 참가자들의 코 앞까지 다가와 '집에 가'라며

위협했다. 혐오세력은 너무 많고, 목소리가 컸고, 폭력적이었다. 우리는 집회 신고까지 모두 마친 '광장의 정당한 주인'이었음에도 한 구석에 모여 온갖 폭력에 고스란히 노출되어야 했다.

축제 참가자들이 축제 장소인 광장에 진입하지 못 하도록 스크럼을 짜고 누워있던 혐오세력.

'불법 집회'는 누가 한 건지

동구청은 인천퀴어문화축제조직위원회가 신청한 광장 승인 문제에 불승인 결정을 내렸다. 그래도 인천퀴어 조직위는 9월 8일 동인천역 북광장에 대한 집회 신고를 마쳤고 광장을 쓸 수 있는 정당한 권한을 부여 받았다. 동구의회 측은 '통행 불편이 우려되어 광장 사용을 불승인한다'고 밝혔지만, 정작 지난 5월 하루에 6만명 가량이 참여한 다른 축제에는 승인을 내렸다. 9월 3일 동구의회 자유한국당 소속 의원들이 "어린이들과 청소년들의 성 정체성 혼란 및 인성파괴 등 심각한 피해 우려가 있는

성소수자들의 집회 활동을 강력히 반대한다"라는 성명을 낸 것[29]을 고려하면
성소수자를 탄압하기 위한 결정이 아닌지 의심이 가는 상황이다.

동구청의 '불승인' 결정을 등에 업고, 혐오세력들은 '인천퀴퍼는 불법집회'라며
자신들의 행동을 정당화했다. 하지만 앞에서도 이미 집회 신고를 마쳤기 때문에
인천퀴퍼는 합법적이었다. '불법 집회'를 누가 했는지 따진다면 오히려 정당한 행사에
끼어 들어 참가자들을 위협하고 행사의 진행을 집요하게 방해한 혐오세력이다. 할 수
있을 것이다.

혐오세력에 둘러싸여 고립된 행사 참가자들은 오전 10시 가량부터 먹지도, 마시지도,
화장실에 가지도 못한 채 폭언만 듣고 있어야 했다. 혐오세력은 축제 준비위원회가
행사 물품을 옮기기 위해 준비한 트럭 3대의 바퀴를 모두 펑크내고, 사물놀이 용품을
훔쳐 가기까지 했다.[30] 오후가 되어 경찰이 조금씩 적극적인 행동에 나서면서 세 시경
겨우 몇몇 참가자들의 광장 출입이 가능해졌다. 하지만 여전히 혐오세력들의 폭력은
멈추지 않았다. 이들은 광장을 떠나려는 참가자들의 손목을 끌어당기고 '어디 가는
거냐', '너도 동성애하냐'며 소리를 쳤다. 폭행으로 고발해도 할 말이 없을 상황이었다.
그러나 보고 있던 경찰은 아무런 조치도 취하지 않았다.
오후 늦게 시작된 퍼레이드 역시도 혐오세력이 참가자들을 막아서면서 순조롭게
진행되지 못했다. 경찰이 몇 번이나 '불법집회 해산하라'며 혐오세력에게 방송했지만
달라지는 것은 없었다.

그래도 함께라서 다행이야

행사 내내 참가자들은 혐오세력의 폭력에 무방비하게 노출되었고 몇 시간씩 한
자리에 고립되어 있었다. 절망적인 상황이었지만 막상 현장 분위기는 그렇게 어둡지
않았다. 참가자들은 떼지어 노래를 부르고 이야기를 나누며 기나긴 시간을 버텼다.

---

29. ""강행" vs "반대" 퀴어축제 전운…동구청, 동인천역 북광장 사용 불승인", 경기일보, 2018.09.06 www.kyeonggi.com/?mod=news&act=articleView&idxno=1516658 30. "인천퀴어문화축제 "우리는 여기있다"", 시사인천, 2018.09.09, www.isisa.net/news/articleView.html?idxno=111607

무대가 설치되지 못해 광장 안에서 간이로 마련된 임시 무대 자리. 한 사람이 앞구르기 할 수도 없을만큼 좁은 공간이었다.

부스조차 제대로 세울 수 없게 되자, 부스 참가자들은 보따리를 깔고 후원자를 모집했다. 열악한 상황이었음에도 웃음이 넘쳐났다.

9월 8일 동인천역 북광장에서 인천퀴퍼 참가자들은 소수였다. 사회적 소수자였고, 혐오세력에 비해서도 소수였다.[31] 혐오세력이 뻔뻔하게 폭력을 휘두르고 혐오발언을 쏟아내는데도 '소수자이기에' 제대로 보호받지 못했다. 하지만 하지만 참가자들은 혐오세력을 피해 모였고, 모인 곳에서는 노래와 웃음과 이야기가 흘렀다. 그곳에서 혼자가 아니라는 걸, 비록 소수지만 이 세상에 함께 있다는 걸 확인했다.

몇몇 언론사는 '인천퀴어축제 무산'이라는 타이틀로 기사를 냈다. 부스도 제대로 열지 못했고, 퍼레이드도 중간중간 가로막혔으며, 수많은 참가자들이 몇 시간을 고립되어 있었기에 '무산'이라는 걸까. 하지만 이런 상황에서도 참가자들은 외쳤다. "우리는 여기에 있다!" 몇 천 명의 혐오세력이 우리를 막아섰음에도. 그날 신과 예수의 이름을 들먹이던 혐오세력들에게 '퀴어들의 18번'이라 불리는 'Born this way'의 가사를

[31] 경찰 추산 혐오세력은 1,500명, 인천 퀴퍼 참가자는 600명이었다.

전하며 글을 마친다.

I'm beautiful in my way 나는 나 그대로 아름다워
'Cause god makes no mistakes 신은 실수를 하지 않으니까
I'm on the right track baby 나는 바른 길을 가고 있어
I was born this way 나는 이렇게 태어났어

- 레이디 가가, Born this way (2011)

OUTRO

홍예륜

도대체 인천은 무엇이 문제였을까. 도시의 다양성을 지키고 소수자들을 포용하기 위한 도시 정부와 시민사회의 협력을 주제로 연구를 진행하고 있는 입장에서 이 사단에 대한 책임의 상당 부분을 동구청과 경찰에게 묻고 싶다. 인천 동구청은 특정 집단에게 책잡히지 않기 위함인지, 법과 제도의 테두리 안에서 퀴어 축제를 방해했다. 축제 직전에 조직위에 보안요원과 주차공간을 추가로 확보할 것을 요구했고, 동구청 관할의 주차장을 내어주는 것을 거절했다. 광장 사용권이 깔끔히 해결되지 않은 채 축제가 개최되었다.

구청의 태도는 혐오 세력에게 빌미를 만들어주었고, 혐오세력은 이 빌미를 잡고 늘어져 공권력을 사용하지 않고 자신들이 직접 '음란한 동성애자들'을 단죄하려고 나섰다. 경찰은 내 기대에 비해 안일했다. 경찰은 이미 신고된 합법적인 집회에 비협조적으로 협조했다. 덕분에 퀴어축제 참가자들은 사적인 폭력에 직접적으로 노출되었다. 구청과 경찰에게 성소수자는 시민이 아니었던 것인가. 그러나 그들이 무시한 성소수자와 그에 연대하는 이들은 결코 제 1회 인천퀴어문화축제에서의 폭력과 좌절감에 굴복하지 않는다. 되려 이 지난한 싸움은 결국엔 이기는 싸움이 될 것이며 도시 정부는 자신들이 부정했던 이들을 시민으로 인정하게 될 것이다.

나는 침묵하지 않는다

〈私は黙らない〉 포스터중 하나

#私は黙らない ^{나는 침묵하지 않는다} 집회

일자 : 2018년 4월 28일
장소 : 신주쿠역 앞 ALTA^{アルタ}
주최 : 주최단체는 따로 명확하지 않음.
다만 트위터 아이디 @Iam_here_2018 인스타그램 @girlgangtokyo
(ガールギャングトウキョウ)로 통해 활동 홍보.
포스터 구호 : 'No sexism', 'End patriarchy', 'Stop gendering me',
'My body, my rules', 'I won't be slient', 'My body, My choice',
'どんな仕事でもセクハラは犯罪^{어떤 직업이든 성추행은 범죄}', 등 성차별과 가부장제,
성노동자에 대한 성폭력 문제에도 반대하는 주체적인 목소리들이 담김.

요즘 일본인 트위터 계정을 보다보면 새우 이모지가 달려있는 사람을 종종
발견할 수 있습니다. 이는 일본의 여성혐오의 증인-증거^{Evidence}로서, 혹은
'페미니즘 발언들을 보고 내가 변화했다. 그렇기 때문에 트위터에서 페미니즘
발언을 하는 것이 무의미하지 않으며 그 증거^{Evidence}가 바로 나다.' 라는 취지로
에비던스 발음에서 일본어로 새우를 뜻하는 에비^{えび}를 따왔다고 합니다.
기적과도 같은 연대로 새로운 일상을 만들어가고 있는 이웃나라를 바라보며
성차별과 성역할고정에 반대하는 흐름을 주목해보았습니다.

처음 일본에서의 '미투^{Me Too}' 운동에 발화를 당긴 저널리스트 이토 시오리의
고발에 대해 오히려 피해자를 탓하는 말과 글을 마주하는 건 어렵지
않았습니다. 또한 왜 일본에서 성폭력 피해 사실을 고발하는 운동이 확산되지
못하는지 이유를 분석한 기사는 쉽게 찾아볼 수 있습니다. 하지만 분명 변화를
위해 치열하게 이야기하고 행동하는 사람들은 존재합니다. 미스핏츠는 그들을
2018년 4월 28일 신주쿠역 앞에서 열린 #私は黙らない라는 이름의 집회에서
직접 만나고 올 수 있었습니다. 그 때 듣고 느낀 것들을 공유드려보고자 합니다.

우리 모두의 목소리

스칼라

신주쿠 #私は黙らない 집회를 다녀와서

나는 동경의 대도시 한 가운데에서 그럭저럭 분주하게 일상을 보내고 있으며, 여성 인권과 소수자 인권 문제에 관심이 많고, 관련 트윗과 기사를 매일같이 체크하고 퍼 나르는 부지런한 LGBT+다. 그런데도 막상 신주쿠에서 성차별과 성폭력 철폐를 위한 집회「私は黙らない」가 열린다는 사실은 몰랐다. 한국에 있는 친구가 전날 정보를 전해주지 않았더라면 정말 모를 뻔 했다.

기적과도 같은 스케줄. 마침 그 날은 같은 LGBT 당사자인 친구와 신주쿠의 퀴어 거리에 놀러 가기로 약속을 한 날이었다. 우리는 예정보다 조금 이른 시간인 집회가 열리는 오후 4시쯤 신주쿠에 도착했다.

허겁지겁 도착한 신주쿠 동쪽 출구의 큰 광장. 그곳에서는 놀라운 풍경이 펼쳐지고 있었다. LGBT 관련한 분야에 있어서는 일정 부분 한국보다 다소 진보적인 추세를 보이는 일본이다. 하지만 여성인권, 특히 여성에 대한 사회적 인식은 과연 이것이 선진국의 의식인가 의심을 품게 될 정도로 많이 뒤쳐져 있는 것도 사실이다. 그래서 우선은 이런 집회가 도쿄의 중심 신주쿠에서 벌어지고 있다는 사실 그 자체가 나에게는 커다란 충격이었다. 충격을 넘어 하나의 끓어오르는 희열로 다가왔다.

일상적인 セクハラ[32]

집회 장소에는 수많은 플랜카드, 여성, 남성, 어쩌면 제 3의 성, 젊은 사람, 노인, 외국인, 각종 미디어가 있었다. 간이 무대에서 마이크를 잡고 있는 사람들은 너무나도 평범했고, 밝은 배경음악과 함께 '일상'을 이야기하고 있었다.

정말로 일상적인 이야기이다. 술자리에서 벌어지는 숱한 차별적인 발언, 패션잡지를

32. 세쿠하라, sexual harassment 성희롱을 뜻하는 용어

여는 순간 쏟아지는 여성의 몸을 상품화한 것 같은 문구, 아무렇지도 않게 벌어지고 있는 무수한 성폭력들, 그리고 비난의 화살이 가해자가 아닌 피해자에게 돌아가는 사회 구조. 그동안 아무도 큰 소리로 외치지 않았을 뿐, 정말로 일상적인 이야기이다.

페미니즘과 젠더 사상을 공부하는 남성 대학원생은 이렇게 말했다. 성폭력과 성차별 문제의 당사자는 여성과 성소수자뿐만이 아닌 남성도 포함된다고. 이렇게 집회에 나와 있는 본인도, 압도적으로 남성 우위인 사회 구조 안에서는 필연적으로 누군가를 억압하는 지위에 있는 것이라고. 그리고 이러한 사회구조 안에서 남성이 주장하는 '남자도 힘들게 산다'는 불편함과, 생명과 신체에 대한 직접적인 위협을 일상적으로 느낄 수밖에 없는 여성의 불편함은 애초에 같은 선상에 놓고 비교해서는 안 되는 문제라고.

일본에서 숱한 폭력을 겪고 살아남아 외국에 가서 공부를 하고 돌아온 한 여성은 이렇게 말했다. 성폭력 피해자이지만 피해자가 비난 받는 이 사회 구조 안에서, 결국 듣지 못했던 가장 듣고 싶었던 말, 그 말을 하기 위해 이곳에 있다며. 나의 몸은 상품이 아니고, 나의 복장은 너의 범죄를 용납하는 초대장 같은 것이 아니고, 사회가 여성에게 덮어 씌우려 하는 '여성다움'은 하나의 저주라고. 매일이 즐거운 당신, 매일이 살기 힘든 당신, 목소리를 내어 싸우는 당신, 자기 자신을 끊임없이 탐구하는 당신, 모든 당신들의 생각과 발언에는 강력한 힘이 있다고. 그리고 모든 여성들에게, 자유로워지라고, 일어나자고, 네 자신이 생각하는 굉장한 여성이 되라고.

지나가던 사람이 혹여 야유와 비난을 던지거나 폭력적인 태도로 무대를 방해하는 것을 아닐까 하는 걱정은 순식간에 사라졌다. 찬동의 박수, 나도 그렇다 라는 목소리, 공감의 눈물, 반성의 목소리.

기적과도 같은 또다른 일상, 연대

연설이 끝났다.

이 순간 벌어지는 기적과도 같은 또다른 일상을 눈 앞에 두고 나는 여전히 벙찐 표정으로 우뚝 서있었다.

멋있다. 사람답다. 자유롭다.

너무 고맙다.

같은 성소수자 당사자인 친구가 페미니즘에 대한 막연한 거부반응을 가지고 있으면 어쩌지, 집회에 같이 가자고 말을 꺼내도 될까 하고 고민했던 나. 집회 장소에 도착해서도 사진은 찍히기 싫어서 쭈뼛쭈뼛 조마조마 하면서 현장을 촬영했던 나.

나는 정말이지 겁이 많은 사람이다.

표현해도 될지 모르겠지만 다행이라고 해야 할지, 예상했던 것보다 더 진지하게 집중하며 때론 함께 박수도 쳐주는 친구가 내 옆에 서 있었다. 너는 나보다 더 경청한 것 같다.

「すごかった 대단했어」라고 내 눈을 보고 이야기해줬다.
연대라는 것이 그런 건가 보다.

일본 인기 남성 그룹 TOKIO 토키오의 야마구치 타츠야 山口達也가 벌인 미성년 대상 성폭력 사건[33]을 둘러싸고, 여전히 '피해자인 고등학생이 야마구치의 부름을 받고

---

33. 2018년 2월, 토키오의 멤버 야마구치 타츠야가 과음을 하고 미성년자인 피해자를 자택으로 불러 강제로 입맞춤을 해 성추행 혐의로 불구속 입건되었다. 일본 경찰은 기소유예 처분을 내렸지만 야마구치 타츠야는 그룹과 소속사인 자니스를 떠났다.

간 것 자체가 잘못이다', '키스 한 것 정도로 유난을 떤다', '자기 방어를 하지 않고 성폭력을 예측하지 못한 피해자가 잘못이다' 등 믿을 수 없는 반응들이 올라오고 있다. 그리고 페미니스트, 페미니즘 이라는 단어만 나와도 벌벌 떨고 비난부터 하고 보는 잘못된 분위기가 내가 몸담고 있는 이 사회에 형성되어 있는 건 사실이다.

하지만 한편으로는 '피해자에게 범죄의 원인을 묻는 발언은 잘못되었다', '그런 범죄와 발언을 해서는 안 된다', '우리 사회의 권력 구조 자체가 애초에 불균형하게 형성되어 있으며 고쳐 나가야한다', '페미니즘은 여성의 것이 아닌 모든 인간이 인간답게 살기 위한 것이다'라고 의식 개선에 힘쓰는 수많은 이름 없는 목소리가 이 사건을 계기로 늘어난 것도 사실이다.

"피해자가 너의 가족이라고 생각해봐" 라는 말을 개인적으로 별로 좋아하지 않는다. 약자가 보호되어야 할 이유는 그가 누군가의 소중한 관계에 놓인 사람이어서가 아니라 단순히 그가 인간이기 때문이니까. 이 간단하면서도 명료한 명제를 주장하기 위해 우리는 얼마나 많은 목소리를 더 내야하는 걸까.

지금까지 쉬쉬하며 은폐되어왔던 폭력, 권력의 불균형, 약자의 목소리가 하나 둘 'Me too'를 외치며 답답한 옷장 밖으로 나오고 있다. 한 줄기 빛이 모여 두꺼운 벽에 구멍을 내기 시작한다. 작은 파동이 하나 둘 모여 고요하지만 강렬하게 점점 큰 원을 그려나가는 그런 이미지가 문득 떠오른다.

우리는 지금 하나의 과도기에서 살고 있다. 이 통증은 특정 누군가의 아픔이 아니라 우리 모두의 아픔이며, 이 사회가 더 큰 평등의 사회로 나아가기 위해 거쳐야 하는 지독한 성장통이라고 생각한다. 그리고 반드시 가까운 미래에 인간이 인간답게 살고, 자신답게 살면서, 서로 존중하고 존중받는 (적어도 그렇게 하려고 노력하는) 사회가 펼쳐질 것이라고 굳게 믿는다. 너와 내가 가진 생각의 힘, 가능성과 함께.

후쿠다 와카코씨의 발언
취재, 검수 - 스칼라 | 번역 - 이준영

안녕하세요. 후쿠다 와카코입니다. 지금부터 저의 10년 전 이야기 그리고 지금의 나, 그리고 중요한 페미니즘에 대해 이야기하겠습니다.

10년 전, 반 친구들 사이에서 읽히던 패션 잡지에 의하면 나는 키가 160cm이고 몸무게도 45kg이나 되니까 그건 충분하고도 남을 정도라고 적혀 있었다. 봄에 하는 신체검사에서 나온 수치는 그것보다 3kg이나 높았지만 나는 지극히 건강했다. 내가 점심식사 시간에 가방에서 꺼내는 도시락 통은 다른 여학생과 다름 없이 아담한 핑크색. 수영장 수업이 있는 날 전날은 아무래도 샤워하는 시간이 여느 때보다 길었다. 10년 전 이야기.

나는 결코 라인이 가늘고 귀여운 여자아이가 아니었다. 사회가 요구하는 '귀여움'의 축에 자연스럽게 들어갈 일이 없었던 나. 그런 나를 마치 구원해주는 듯 던져진 말. '안산형安産型¹'이라는 세 글자. 아직 성적쾌락도 모르던 10살 그 언저리의 소녀를 향해 그런 소녀를 형용하는 말, 안산형'. 10년 전의 이야기입니다.

조금 지나서 깨달았다. "그렇구나. 이 사회가 가리키는 여자의 표준에 적용되지 못해도 제대로 아이라도 낳을 수 있다면 나는 여자로서의 역할을 다할 수 있다는 거구나."…

이거 개소리 아냐?

키가 160cm이지만 몸무게 45kg를 족히 넘긴 나는 사회가 기대하는 여자가 못다 된 채로 정신차려보니 숙녀young lady가 되었다. 가부장제 사회가 낳은 모순을 깨닫기 시작됐을 때쯤 '안산형'이라 형용되고, 이에 대한 위화감을 모처럼 언어화할 수조차

---
34. 출산을 잘 하게 생긴 체형을 이르는 단어

없었던 그때부터 10년 정도 지났다. 그리고 난 レイプ^{강간} 당했다.

내 비명도 몸의 통증도 몸의 떨림도 모두 확실히 기억한다. (무대 밖에서 발언자를 향해 : "힘내라!") 망가져버린 맘에 들었던 금시계도, 바로 눈 앞에 있던 호텔 방문이 아득히 멀리 떨어진 것처럼 보이는 것도 나는 모두 모두 기억하고 있다.

피해 입은 직후에 들은 말, "니가 그런 꼴로 다니니까 그런 일이 일어난 거야"라고. 그 말은 나를 죽였다. 나는 잠시 동안 죽어 있었다. 그리고 나는 이 나라를 떠나기로 결심했다. 그 때 내가 필요로 했던 말을 나는 기어이 들을 수 없었다. 모두와 사회의 표준에 맞추고자, 조금이라도 자신을 근접시키고자 필사적이었던 그런 10대의 내가 말한다. "아아. 또 실패해버렸네"라고.

나는 아마 그리고 지금부터도 계속, 사회가 요구하는 좋은 여자 따위 될 수 없다. 그러니까 나는 또 오늘 이곳에 서기로 결심했다. 내가 들을 수 없었던 말을, 내가 받을 일이 없었던 온기를, 어디선가 필요로 하고 있는 그런 여성들에게 전하기 위해.

내 고통은 당신의 소비를 위해 존재하는 것이 아니다. 내가 선택한 옷은 당신에게 보내는 초대장도 아니거니와 허가증도 아니다. 나는 서랍에 진열된 상품이 아니며 미소로 장식된 인형도 아니며, 자신을 정의한다는 것을 알게 된 나는, 너의, 너 같은 새끼의, 일시적인 욕구와 시스템에 컨트롤된 말씨에 굴복하지 않을 것이다.

여자라고 하는 형태의 나에게 다가온 사회 기대와, 여자라고 하는 내가 스스로 두르고 만 베일과 같은 허울 좋은 얄팍한 기대. 사회의 기대를 그렇게 한번에 없앨 수 없다. 하지만 나는 지금부터 베일을 벗을 수 있다. 괴로워할 때도, 건강할 때도, 나는 내가 하고 싶은 대로 할테니까. 언제라도 어떤 때라도 우리들에게 저주를 퍼붓는 것을 멈추지 않는 사회와, 그곳에서 기분 좋게 호흡을 계속하는 스스로 가해자라 인식하지 못하는 사람들에게.

이제 이런 거 끝냅시다.

페미니스트는 남혐도 아니며, 철의 여인이라는 뜻도 아니다. '안산형'이라는 문제는 아직도 내 일상에, 이번에는 분명히 저주의 형태로 나타난다. 10년 전에 요구된 '귀여움'에 응답할 수 없었던 그 때의 나는 페미니스트라고 하는 타이틀을 선택한 나의 안에서 지금도 계속 살고 있다.

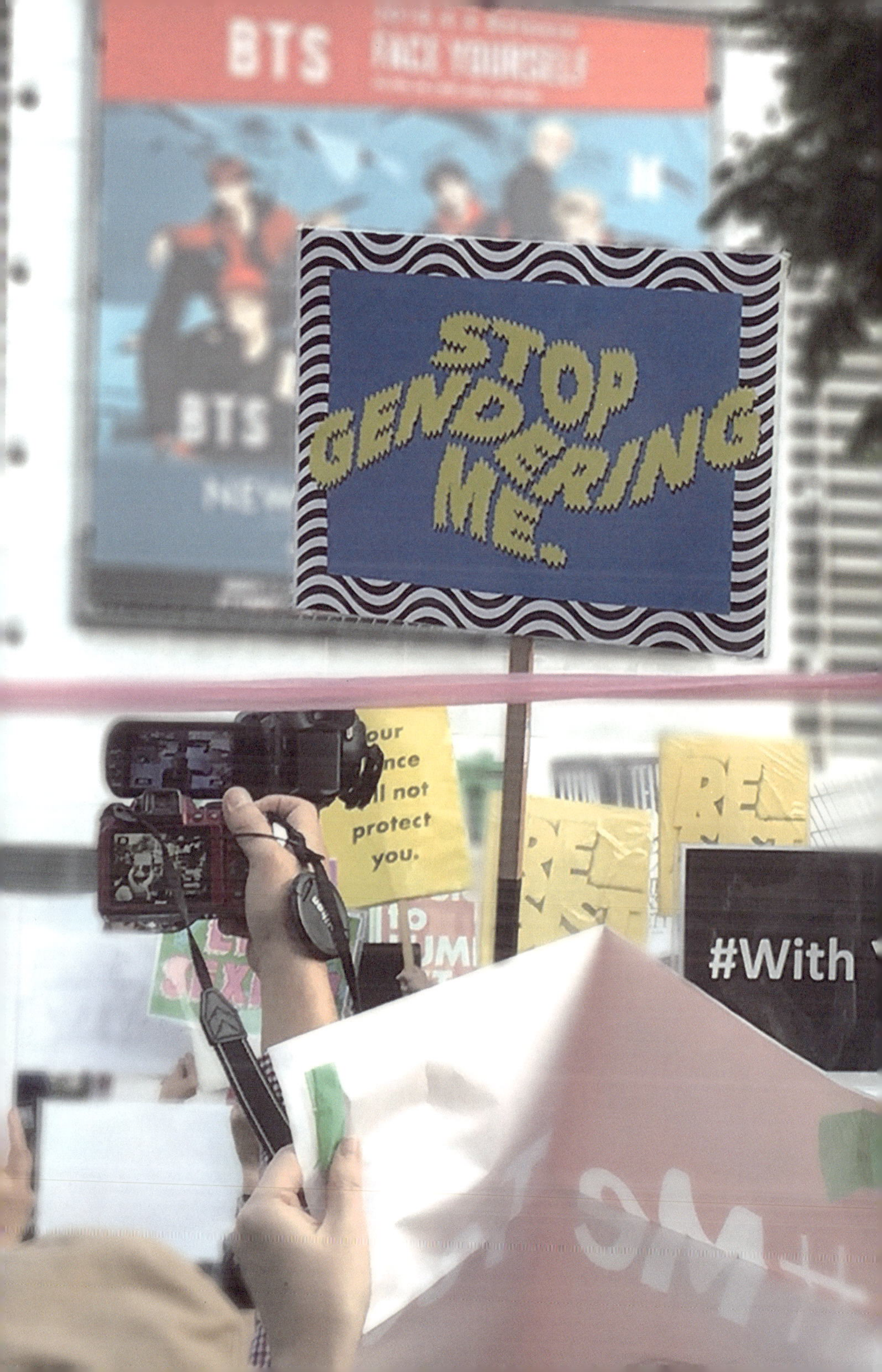
BTS
FACE YOURSELF
STOP GENDERING ME.
protect you.
#With

4. 삿포로레인보우프라이드 실행위원회 인터뷰

삿포로레인보우프라이드

〈삿포로 레인보우 프라이드〉 공식 포스터

さっぽろレインボープライド(Sapporo Rainbow Pride)
2018년 10월 7일. 오도리공원

'삿포로레인보우프라이드실행위원회実行委員会'는 14명의 위원이 무보수로 운영하고 있는 비영리 단체입니다. 1996년에 도쿄에 이어 2번째 LGBT 퍼레이드 '레인보우마치삿포로レインボーマーチ札幌'가 개최되었고, 2013년에 17년의 역사를 쌓아올리며 최종을 맞이하였습니다. 그 후 2017년에 기존과는 다른 단체에 의해 LGBT 퍼레이드 '삿포로레인보우마치+'가 개최되었습니다. … 삿포로시市에서는 작년 6월 1일에 파트너십 선서제도, 10월 1일에 LGBT 프랜들리 지표제도가 시행되었습니다. 나답게 나날이 웃으며 지낼 수 있는 사회, 다양성을 서로 인정하는 사회의 실현에 한층 더 나아가고자 LGBT 당사자나 많은 이해자 • 지원자 분들에 의한 참가형 활동으로 이번 해2018는 '레인보우마치삿포로'의 의사를 계승한 새로운 단체를 창설하여 2018년 10월 7일에 '삿포로레인보우프라이드'를 개최하기에 이르렀습니다.

(1) 지역사회에 가까운 곳에 있는 LGBT (SOGI Sexual Orientation and Gender Identity, 性的指向や性自認)가 존재한다는 것을 널리 알립니다.
(2) 독립하는 LGBT에게 자신의 존재를 긍정적으로 받아들일 수 있는 정보를 발신하여 자기긍정감의 향상을 목표로 합니다.
(3) LGBT가 존재하는 것을 전제로 한 사회제도의 구축을 행정이나 기업, 교육 현장에 촉구하여 널리 사회 전체에 호소합니다. 또한 다양성을 서로 인정하여 개성을 존중하는 풍요로운 사회의 실현을 제창합니다.
-삿포로레인보우프라이드 공식 홈페이지 중

인터뷰 / 이수련
통역 및 번역 / 이준영
번역 및 검수 / 윤희상

삿포로레인보우프라이드 실행위 인터뷰

좌 야나기야 유미, 우 오쿠다 마코토

인터뷰에 들어가며

* 우선 간단한 소개 부탁드려요.

유미   저는 야나기야 유미柳谷由美라고 합니다. 섹슈얼리티는 레즈비언입니다. 나이는 32살입니다. 이 삿포로레인보우퍼레이드 자체는 작년 10월부터 시작했는데요, 개인적인 LGBT관련 활동은 2010년에 시작해서 올해로 딱 8년 되었습니다.

* 2010년에는 어떤 활동을 진행하셨나요?

유미   2010년부터 지금까지 삿포로레인보우프라이드의 전신前身 단체에서 이벤트에 참여했습니다. 8년 간 레즈비언을 위한 클럽 이벤트를 하거나, 점심 때 퀴어

당사자들이 모이는 이벤트를 개최하거나, 또는 여러 학교나 기업에 강연 활동을 다녔습니다.. 8년 간의 활동에 이어 이번 행사를 개최하는 데에 이르게 되었습니다.

마코토 오쿠다 마코토奧田眞理입니다. 나이는 27살입니다. 활동이라 할 활동은 지금까지 그리 큰 건 하지 않았지만요. 아, 한 장 있으려나. 뭔가 있을 것 같아.

유미 이건 드랙퀸 명함이에요.

마코토 아, 저에요. 받으세요.

마코토씨의 드랙퀸 명함

＊(명함을 보며) 오…공연도 하셨나요?

마코토 그렇죠. 드랙퀸으로서 삿포로를 중심으로 여러 이벤트에도 나갔어요. 또 삿포로에서 작년에 동성 파트너쉽 제도가 가능해졌는데 그것도 발기인으로서 선배들과 함께 삿포로시에 요청하는 활동을 했었어요.

── 편집자 주 - 동성 파트너쉽 제도 ──

2012년부터 검토가 시작되어 구의회의 다수결 투표를 거쳐 2015년 4월 1일 시행된
<시부야구 남녀평등 및 다양성을 존중하는 사회를 추진하는 조례>는 구에 등록한
동성 파트너 간에 '파트너쉽partnership'을 시부야구 차원에서 인정하고 파트너쉽
증명서를 발급하는 제도로 구체적인 내용은 다음과 같다.

- 법률상의 혼인과는 다르며(법적 구속력 없음, 다만 시영주택 입주신청 및 특정
  보험사에서 사망시 보험금 수령인 인정(확정), 입원시 면회 및 핸드폰 가족 할인등
  혜택이 예상됨)

1) 남녀 혼인관계와 다르지 않은 정도의 실질을 갖추고
2) 호적상 성별이 동일한 두 사람간의 사회생활 관계: 파트너쉽으로 인정-
  법률상으로는 임의후견계약 관계
* 두 사람 모두 시부야구에 거주하고 주민등록이 완료된 경우에만 유효. 즉 지역에서
  거주하지 않거나, 이후 이주할 경우 신청서를 반납할 필요.
* 법적인 권리와 의무가 발생하는 해외의 시민결합civil union과는 달리 법률상으로는
  아무런 권리와 의무가 발생하지 않음.

여전히 결혼규범이 강고한 일본사회에서 동성간 결혼권에 이르는 중간 단계로서
동성파트너쉽이 도입된 것으로, 2018년 현재 6개의 지방자치체(도쿄도 시부야구,
도쿄도 세타가야구, 효고현 다카라즈카시, 미에현 이가시, 오키나와 나하시, 홋카이도
삿포로시 등이다. 세부적인 내용은 큰 차이가 없지만, 시부야구의 경우 구의회의
의결을 거친 조례条例인 반면 나머지 지역은 지역자치체장이 직권으로 도입한
요강要綱이라는 차이점이 있다.)가 이 제도, 혹은 유사한 제도를 도입하여 운영하고
있으며 2019년부터 후쿠오카시와 오사카시도 유사한 제도를 도입할 예정이다.
…… 성소수자 운동 내부의 이런 견해 차이는 사실상 제도 내의 개혁과 제도 외부의
개혁 중에서 어느 쪽을 중시하느냐에 따른 것이라고 볼 수 있다. 전자의 경우
결혼할 권리의 평등으로 문제에 접근 하는 반면, 후자의 경우, 혼인제도 자체에

내재된 가부장적 성별분업에 기반한 이성결혼과 일부일처제에 대한 특권화, 이에 제도家制度의 온존에 대해 성소수자의 성적 실천은 근본적으로 혼인제도와 모순된다는 점을 강조한다. 이는 페미니즘의 영향권 내에서 발생한 주장으로 파트너쉽 제도에 대해서는 공동 투쟁 노선이 가능했으나, 최근 동성결혼 법제화 이슈를 통해 페미니즘과 성소수자 운동의 이해관계가 반드시 일치하는 것은 아니며 때로는 반목하기도 한다는 점이 드러나기 시작한 것이다 ……

성소수자 운동과 페미니즘의 관계를 생각할 때 흥미로운 논의로 2017년 8월에 열린 심포지엄 <도덕적 보수와 성의 정치 20년-LGBT붐에서 백래쉬를 다시 생각한다道徳的保守と性の政治の20年―LGBTブームからバックラッシュを再考する>에서 다루어진 내용을 살펴보겠다. 이 심포지엄에서는 2010년대 일본의 LGBT붐이 경제적 효과를 노린 전략인 동시에 성적소수자 내부의 특권층을 생산했다는 비판이 존재하는데 비해 "전통적 가족형태와 그것을 지지하는 이성애적 젠더규범의 옹호를 내세우는 도덕적 보수파"에 대해서는 그다지 연구가 되어 오지 않았으나 이들이 성소수자 운동 및 여성운동에 항상 중요한 팩터였다는 점을 강조하고, 이런 도덕적 보수파와 여성운동이 대대적으로 충돌했던 2000년대 초반의 '백래쉬'를 다시 한번 살펴보는 것을 목적으로 삼았다 ……

페미니즘에서 바라보는 동성결혼과 동성파트너쉽 이슈는 기본적으로 이슈의 내용과 목적은 다를 수 있어도 반대 세력이 동일하고 이들은 소위 가부장적 젠더 역할에 기반한 '전통적 가족관,' 나아가 국가주의에 기반한 가족제도를 강조한다는 점에서 성소수자 운동과 페미니즘이 연대할 필요성이 제기된다는 것이다. 명시적으로 지적되어 있지는 않으나 이 입장의 배경을 이루는 것은 호적제와 이에 제도의 영향이 여전히 강고한 일본의 혼인제도에 대한 근본적인 비판이며, 부부별성제조차 인정받지 못하는 등 여성에 대한 차별이 깔려 있는 기존의 혼인 제도에 대한 비판 없이 동성결혼을 추진하는 것은 바람직하지 않다는 인식이다.

- 김효진. (2018). 현대 일본의 성소수자와 동성파트너쉽 - 포섭과 배제의 정치학 -. 일본학, 46, pp. 159-160, 173-176

＊실행위원회 활동은 어떻게 시작하시게 되었나요?

마코토　저는 작년 10월, 11월 즈음부터 활동을 시작했어요. 올해 행사는 아무도 기획하지 않았었기 때문에 홋카이도에서 개최하지 않게 될 예정이었는데, 삿포로시가 제대로 이어가고 싶어서 계속하고 싶다는 말씀을 하셨어요. 함께 하지 않겠습니까 하고 이야기를 나눈게 계기가 되었습니다.

퍼레이드 참가자와 일반 시민 사이의 따스함

＊다른 지역의 레인보우프라이드 실행위원회분들과의 연결은 있나요?

유미　지금 이 단체만 두고 말하자면 없습니다만 예컨대 저희들이 직접 도쿄에서 열리는 퍼레이드에 참가한다거나, 그런 일은 하고 있습니다.

＊아직 단체 단위로 연대해서 활동하지는 않으신다는 거네요. 따로 해볼 계획은 없으신가요?

유미　지금은 없지만 다른 지역 이벤트에 협찬하거나 광고를 의뢰하는 활동은 추후 하고 싶습니다.

＊한국에서는 다른 지역 퀴어축제 조직위들이 활발하게 교류를 해서 여기는 어떨지 궁금했어요.

유미　그렇죠. 전신은 다른 지역 퍼레이드와 교류가 많아서 여기 퍼레이드와도 연결이 있다고 들었습니다. 다만 이번 퍼레이드에 관해서는 저희들도 처음 중심이 되어 하는 입장이라서요. 아직 연결이 깊지 않다는 뜻입니다.

＊이번 프라이드 행사에 삿포로라는 지역과의 연계성이나 특수성이 있을까요?

유미　지금의 저희로서는 없어요. 다만 지금 퍼레이드를 할 때 트럭을 도색해서 화려하게 장식하고, 몇 대씩 준비해서 그 뒤에 사람들이 걸어 가는 행사가 있어요. 그 트럭을 최초로 시작한 게 삿포로의 전신이에요. 전국에서 삿포로가 처음.

*정말요? 한국의 퀴어퍼레이드에서도 똑같이 트럭을 이용해 퍼레이드를 하거든요. 트럭과 함께 퍼레이드를 진행하기 시작한 건 언제부터인가요?

유미 언제였더라? 꽤 예전…97년…언제였더라.

마코토 레인보우프라이드 2, 3회 째인가요.

유미 음… 97년 정도려나. 2005년 쯤에 있었을지도 몰라. 흠. 특색… 벌룬 릴리즈풍선 날리기나, 그 외에는 봐주시는 분들이 따스하달까.

마코토 아마 퍼레이드 참가자와 시민 사이의 거리감은 상당히 가깝다고 생각합니다.

유미 방금 전 퍼레이드에서 트럭이 삿포로에서 가장 처음 시작되었다는 말씀을 드렸는데요, 삿포로의 경우 벌룬 릴리즈라는게 있어요. 퍼레이드가 행진하는 도중 모두 일제히 풍선을 날리는 거에요. 그런게 있는데 그것도 가장 처음 시작한 건

삿포로라고 알려져 있어요. 이건 도쿄에선 하지 않고, 다른 지역도 삿포로의 벌룬
릴리즈를 흉내 내어 시작했다고 들었습니다.

⁎레인보우프라이드 이벤트 외에 다른 활동도 준비하시는 게 있나요?
유미　　레인보우프라이드 행사를 보조하기 위한 관련 이벤트를 17개 정도를
기획하고 있습니다.

⁎혹시 퀴어 운동을 하면서 혐오세력과 마주치신 적은 없나요?
유미　　있다고 생각하는데, 다만 지금의 경우 퍼레이드가 당일에 방해를
받는다든지 그런 일은 들어본 적이 없어요. 경찰이 항상 출동할 수 있게 경찰 버스가
퍼레이드 뒤를 밟은 적은 있는 것 같습니다.

조직 만들기, 그리고 세 가지의 큰 테마

⁎삿포로 축제 운영과 진행이 어떻게 이뤄지는 지 소개 부탁드려요.
유미　　먼저 멤버를 모으는 일이 있죠. 실행위원이 저희를 포함해 14명이고 이렇게
지금 일하고 있는데, 그 멤버를 모으는 일이에요. 그리고 나머지는 실행위원장인
저희가 어느 정도의 방향성이나 비전을 생각해요. 나머지는 운영함에 있어 각자
역할을 분담하고, 또 정기적으로 미팅을 합니다. 월에 한두 번 정도. 미팅을 하고
각자의 진행상황을 확인하며 운영하고 있습니다.

⁎실행위원장으로서 비전 설정을 어떤 우선 순위로 정립하시는지 알려주세요.
유미　　우선순위. 방향성의 우선순위려나. 뭐가 있을까. 제가 참고하는 건 그
전신의 행진인데, 행진 단체의 당시 목표나 목적을 잘 참고하고 있습니다. 제 개인적인
감상입니다만, 올해 저희 목표는 조직 만들기라고 생각합니다.

⁎그렇다면 그렇게 조직을 만들어서 무엇을 이루고 싶으신 건가요? 이 행사를 통해

말하고 싶으신 게 무엇인지 여쭤보고 싶어요.

마코토 세 가지. 큰 테마는 세 가지가 있습니다. LGBT, 성소수자의 존재를 알리는 것. 또, 홋카이도 삿포로 도심에서 벗어난 지방의 경우 꽤나 정보가 없고, 성소수자 당사자로 스스로를 정체화하는 개인이 없다고 여겨지는 지역이 많기 때문에 지방 바깥의 정보를 지방으로 발신하는 것. 그리고 세 번째가 그 LGBT라는 존재를 전제로 한 사회 구축을 요청하는 것. 이 세 가지를 큰 목표로 두고 일하며 다같이 그리로 향하고 있습니다. 다만 그 안에서 어떻게 움직일지에 대해서는 저희 둘이 의견을 내고 좋은 길로 가려고 노력하고 있어요.

파트너쉽 제도가 불러온 훈풍

*두 분 외에도 다른 열두 분이 계시잖아요. 그 안에서 만약 의견 충돌이 일어날 때는 해결을 어떻게 하시나요?

마코토 (의견 충돌이) 있어요. 있어있어. 정말 '어라?'라고 생각되면, "틀린 거 아니야?"라고 말하고 의견을 받습니다만 결론을 내지 못하면 다수결이나…

유미 대화. 끊임없이 대화한다거나.

마코토 아니면 서로 맞음점을 찾아서 가장 좋은 부분을 찾아요.

*부스에는 주로 어떤 단체가 참여하나요?

마코토 삿포로시의 경우 파트너쉽 제도가 생기고 조금 지나 LGBT 프랜들리 기업이라는 부문을 만들었어요. 그래서 그런 곳에 도움을 청하거나 이전부터 도움을 받고 있는 기업이나 변호사 사무실 등을 통해 소개받습니다.

*삿포로시의 협조는 잘 되고 있나요?

마코토 지금의 삿포로는 파트너쉽 제도가 생기고 꽤나 LGBT에 관용적인 흐름이 되고 있어요. 그리고 당사자가 종종 참여하는 남녀공동참여기획이라는 게 있는데, 그걸 통해 연락을 받아요. 그래서 삿포로시와의 관계는 친밀한 편입니다.

성차별에 항의하기 전 중요한 한 가지

*혹시 "나는 침묵하지 않는다" 슬로건을 들어보신 적 있나요? 신주쿠역 앞에서 진행된 집회의 성차별에 반대하는 문구였어요.

유미　　트위터에서는 봤습니다.

*성차별로 인한 이슈가 최근 미디어에 많이 실리고도 있는데 어떻게 보고 계신가요?

유미　　트위터나 신문, 티비에서 그런 일이 꽤나 보이면 저는 역시 그런 차별은 좋지 않다고 생각해요. 트위터에서 성차별을 하는 사람에게 일부러 보이도록 해서 제 생각을 발신한다거나… 이런 건 다른 사람들도 곧잘 한다고 생각합니다만. 그런 식으로 항의하거나, 또는 차별적인 기업이 있을 경우 직접 그 회사에 연락하거나 메일로 문의합니다.

*차별에 대해 항의를 하고 활발히 의견을 내보이는 편이시네요.

마코토　　저는 아직 스스로 이해의 폭이 넓지 않다고 생각해요. 그렇기에 더욱 관련 활동을 해서 이해를 넓혀보는 등 이런 면에서 아직 저는 해야 할 일이 있죠. 물론 항의를 직접적으로 하게 될 지도 모르죠. 하지만 제 경우에는 사명감까지는 아니지만 이해부터 넓히는 데에 주력을 기울인다는 생각으로 이렇게 하나씩 해 나간 후 말과 행동을 하는 데에 의미를 둡니다.

한국에서 받아들인 의미와는 달랐던 '여자력女子力'이라는 그 단어

*갑작스레 막연한 질문일지도 모르겠어요. 한국에서는 페미니즘 이슈에 대한 논의가 이뤄지면서 일본에 대한 관심이 늘어났고 여자력이라는 단어를 접하고 거부감을 표시하는 사람들을 꽤 볼 수 있었어요. 요리를 잘하는 남자에게 여자력이 강하다고 말하거나 가사일에 미숙한 여자에게 여자력이 부족하다고 지적하는 상황을 통해서요.

마코토　　일본에서 말하는 '여자같다女々しい[35]'같은 느낌이 되는군요.

[35]. 사전적 의미로 (남자로서 적합하지 않게) 유약하고 의지 없는 상태라는 뜻. 계집애처럼 군다는 뉘앙스가 담긴 말

유미　　맞네, 그렇구나.

마코토　그거구나. 여성스러움과 남성스러움에 대한 거구나.

유미　　저는 개인적으로 여자력이라는 단어를 사용하지 않아요. 그런 성별로 역할을 결정하는 듯한 뉘앙스가 있는 단어를 별로 좋아하지 않습니다.

마코토　'여자력'이라는 단어가 '남자니까', '여자니까'처럼 성별을 단순하게 구분지으며 이해하고 있다는 전제 하에 이뤄지고 있는 지금 대화가 의외네요. 여자니까 남자니까, 가 아니라 성질이랄까. 뭔가 유식하구나, 와 같은 감각으로 사용하게 되는 경우지 않을까 싶어요. 정말 섬세한 일이나 정리정돈을 잘하는 섬세한 남성을 보면 "와, 여자력 높다"라고 말하지만 그건 "여성스럽네"라는 의미가 아니라 '세련되다'는 의미로 사용할 때도 있어서. 음, 의외로 그렇네요.

유미　　어쩌면 여자력은 일본에서는 그다지 그런 성별적인 의미로 강조해서 말하는 단어가 아닐지도 모르겠네요.

마코토　여자력이 아마 한국에서 받아들이는 뉘앙스로는 일본에서 말하는 '여자다움', '다움'이라는 단어가 되어버리나봐요. 그래서 '남자답게 해라, 여자답게 해라'라는 건 물론 저희들은 사용하지 않으려는 단어에요. 여자력이라는 단어를 취급하는 방식이 한국과 일본에서 조금 다를지도 모르겠네요.

*여자력이라는 단어를 그렇게 다르게 받아들이는 뉘앙스나 맥락이 있다는건 지금 여기서 처음 배웠어요.

유미　　굉장하다, 여자력에 대해 물어보다니.

마코토　신기하네.

*한국에선 일본의 사회 현상이 화제가 되는 경우가 있어요. 한국의 시선에서 일본은 성소수자에 대한 인식이 한국보다 진보적이라고 보이는 데에 반해 성차별은

공고하다고 이야기되기도 해요. 그래서 여자력이라는 단어에 대해 여쭤보았던 건데 어느 부분 한국의 관점으로만 보느라 오해했던 점도 있었다는 걸 방금 대화중에 깨달았어요. 개인적으로 질문하는 저도 어쩌면 보고 싶은 대로만 본 게 아닐까 싶은 반성도 드네요.

퀴어 연예인의 노출 빈도는 퀴어 가시화에 비례하지 않는다

＊그럼 다음 질문으로 넘어갈게요. 일본에 와서 확실히 일본 TV나 다른 미디어에서 퀴어 예능인이 등장하는 빈도가 잦다고 보였어요. 그분들의 활약이 퀴어들을 가시화했다고 생각들기도 하고요. 두 분은 그런 퀴어 예능인들을 어떻게 보시나요?

마코토 뭐랄까, 제 섹슈얼리티를 알게 된 게 조금 늦었다고 생각해요. 태어나 철이 들 때부터 남성이 좋았던 게 아니라 처음에는 여성과 교제하고 여성과 연애를 했어요. 결국 지금은 남성 쪽이 좋은데, 좋아지는 과정에서 미디어라는 게 커다란 존재였던 거죠. 지금은 마츠코 디럭스라든가 밋츠 망그로브, 하루나 아이 등이 있고, 예전에는 오스기와 피코같은 분들이 있었죠. 지금 세간에서 말하는 '오네オネエ[36]'라고 불리는 사람이 게이로 인식되는 문화가 있기 때문에 내가 오네인걸까, 나는 남성이 좋으니까 게이일지도 몰라. 오네는 아니니까 게이가 아닌걸까, 하고 고민했던 시기도 있었어요. 과장해서 마츠코씨나 밋츠씨가 나오는 게 좋다고 생각하지만, 조금 더 일반적이랄까, 겉보기로는 모르지만 그러니까 예능인으로 말하자면 바이섹슈얼로 공표한 카즈레자라든지. 그런 분들이 늘어나는 편이 보기에 자연스럽다고 할까…화장하지 않은 사람이라도 세상 밖으로 나오기 쉽다고나 할까, 커밍아웃 하기 편해지지 않을까 생각하기도 해요. 역시 '게이=화려한 사람들'일 필요는 없다는 걸 전제로 생각해 주었으면 하는 바람이 있어요.

＊요약하자면 과장된 퀴어 이미지만 나오기 보다 다양한 퀴어의 모습들이 가시화

---

[36] 일본어로 '언니'를 뜻하는 오네상(お姉さん)에서 유래한 명칭. 복식이나 화장, 행동 양식 등을 여성스럽다고 느껴지게 하는 남성. 오네라고 해서 반드시 트랜스젠더나 게이는 아니다.

―― 편집자주 – 대부분의 정보는 공식 홈페이지와 인터뷰 자료를 통해 정리했습니다. ――

마츠코 디럭스
MC, 방송인, 칼럼니스트. 황금시간대의 TV프로그램 진행을 맡고 있으며 닛케이 엔터테인먼트 파워랭킹에 2016년부터 3년 연속으로 1위에 선정. 남성이며 게이.

"게이라고 하기 이전에 나는 나라고 하는 개인이라 만능이라 할 수 없어. 그러니까 할 수 있는 일이라고는 무척 약소해. 그래서 나는 자신이 게이라거나 LGBT 같은 것을 등에 업고 있는 것처럼 보이는 것이 공포스럽더라고."

"マツコ・デラックスさんのインタビュー ～Webメディアとゲイについて～", QueerPlusUp, 2017. 04. 28. queerplusup.com/2017/04/28/matukodeluxe_lifestyle/ 중

밋츠 망그로브
성별은 남성. 가수 및 여장탤런트로 활동.

하루나 아이
MtF 트랜스젠더 연예인, 사업가, 모델. 여성 탤런트 부문 랭킹에 들었다.

오스기와 피코
형인 영화평론가 오스기, 동생인 복식평론가 피코. 쌍둥이 오카마(게이)로 캐릭터를 잡아 연예활동을 하고 글을 썼다.

카즈레자
일본의 최고 개그맨을 뽑는 'M-1 그랑프리' 결승 토너먼트에 진출한 뒤 유명해진 카즈 레이저와 안도 오나츠로 구성된 메이플초합금(メイプル超合金)의 멤버. 바이섹슈얼이라고 스스로 밝히고 있다.

되었으면 좋겠다는 걸까요?

마코토 그렇죠. 미디어에 나오는 사람들이 전부가 아니라는 것. 게이가 모두 다 화장을 하는 것도 아니고, 하이힐을 신는 것도 아니라는 것…

＊(이전 질문에 이어서) 유미씨는 어떻게 생각하세요?

유미 미디어에서 주목받기 위해서는 그런 표현 방식 밖에 없다고 이해해 봐야 할까요. 저도 역시 다양한 모습을 지닌 퀴어들이 예를 들어 '예쁘다'거나 화려한 생활을 하고 있지는 않다고 생각하기 때문에요. 최근 일본에서도 꽤 '평범한' 레즈비언이나 게이들이 미디어에 등장하게 되어서… 이런 식으로라도 일본도 조금씩 상황이 바뀌고 있다고 봅니다.

＊그런 사람들이 미디어에 나온 건 최근 일인가요?

유미 그쵸. 꽤나 최근 일이라고 생각합니다. 예를 들어 일본에서 하고 있는 드라마를 봐도 그런데, 예전에는 오카마 느낌으로 여장한 사람들이 게이 역할을 소화했어요. 최근에는 드라마 등장인물에서도 꽤나 평범해 보이는, '평범'이라 말하는 게 이상하지만, (마코토: '스트레이트 straight[37]'라는 의미로) 일반적인 남성으로 보이는 분이 사실은 게이였다거나 하는 일상에서 있을 법한 스토리가 많아졌다고 생각해요.

마코토 최근의 경우엔 확연하게 드라마가 늘어났죠.

＊어떤 드라마가 있었나요?

마코토 <아재's 러브>「おっさんずラブ」[38]나 <이웃집 가족은 푸르게 보인다>「隣の家族は青く見える」[39] 등 이고요.

유미 또 <도망치는 건 부끄럽지만 도움이 된다>「逃げるは恥だが役に立つ」[40] 같은 것도 있지.

마코토 네… <도망치는 것은 창피하지만 도움이 된다>…(퀴어적 요소가)

---

[37]. 동성애자가 아닌 이성애자 [38]. 2016년 단편으로 제작되었다가 2018년 방영된 TV아사히 드라마 [39]. 2018년 방영된 후지TV 드라마 [40]. 2016년 방영된 TBS 드라마. 인터뷰에서 유미 씨는 니게하지逃げ恥라는 약어로 말했다. 원작은 러브 코미디 장르 만화.

있었던가요.

유미　　있어, 있어. 그 게이.

왼쪽에서부터 시계방향으로 〈아재's 러브〉, 〈이웃집 가족은 푸르게 보인다〉, 〈도망치는 건 부끄럽지만 도움이 된다〉의 공식 이미지.

의외로 세계에 시선을 두지 않는 일본

＊준비한 질문은 거의 끝나가고 있어요. 다른 나라의 퀴어 이슈에 대해 관심이나 흥미를 가지고 계신지 궁금해요. 한국에 대해 궁금한 점이 있으시다거나.

유미　　한국의 사정은… 들어본 적 있어?

마코토　별로 없는 거 같아.

유미　　그러네요 저도 그다지…

마코토　한국보다는 대만 쪽 사정을 듣고 있어요. 여행으로 1년에 1번 정도 가고 있어서요. 한국은 고등학교 때 갔는데, 최근엔 가질 못해서. 케이팝 아티스트는 보고 듣고 하는데 사회 정세와 같은 건 최근에 대만 쪽으로 쏠리게 되었어요. 의외로 제가 시야가 좁네요.

유미　대만이나, 러시아나, 샌프란시스코 등지는 보고 있다고 생각하는데, 제대로 알아보지는 않는 거 같아요.

마코토　뭔가 일본은, 개인적인 의견이지만 다른 나라보다 정치에 대한 관심이 옅은 국민이 많은 것 같아요. 그래서 한국 뿐만 아니라 세계로 시선이 향하고 있지 않다거나, 의외로 자신이 피부로 느끼는 정치의 일부분, 이를테면 소비세 같이 일상적인 것 외에는 그닥 흥미가 없을지도 몰라요. 정치에 대한 의욕이라는게 과제이자 약점일지도 모르죠. 그래서 젊은 세대에서도 투표를 하자는 게 이슈화되고 있는데, 최근 그 젊은 층이 우리들과는 상관없다고 말하며 선거나 정치에서 멀어지는 경우도 많아서… 그래서 저희들이 사용하는 SNS 공식 계정에도 "선거 다녀왔어요"랄지 드랙퀸 복장으로 투표장에 가서 "선거하고 왔어요"랄지 "다녀오겠습니다"와 같은 글을 사진과 함께 올리기도 합니다. 그러니까 자신이 선거권을 갖는 게 중요하다는 걸 각자가 더욱 생각하지 않으면 안된다고 생각해요.

유미　엄청난 걸 말하네.
마코토　그치.

우리 나이대가 부모 세대가 됐을 때는

*세대간 LGBT에 대한 시선이 어떻게 다르다고 보시나요?
마코토　역시 젊으면 젊을수록 선입견은 없고 가볍게 받아들이죠. 저도 부모님에게 커밍아웃했는데, 그 때 부모님이 50세셨고 전후로 역시 시대가 시대인지 받아들이는

건 빠르셨어요. 윗세대가 되면 "그건 병이니"랄지… 동년배 레즈비언 친구의 어머니의 경우 "결국 언젠가 남성을 좋아하게 될거야"라고 생각하거나… 한 때, 일시적인 것이라 생각하는 사람도 있고요. 역시 50대, 60대가 지금 좀. 사고의 전환이라고 할까요. 조금 낡은 세대가 되면 접하지 않겠다고 하는 경우도 있고요. 지금 아마 10대들은 커밍아웃을 빨리한다고 생각해요. 부모님도 알고 있다고 말하는 사람들도 많아요.

＊커밍아웃하셨을 때 어머님이 50대셨나요?
마코토　네. 49, 50세셨어요. 꽤 최근이죠. 제가 2년 전에 부모님께 커밍아웃했으니. 근데 저도 엄마가 50이라고 하니 꽤 나이를 먹었구나 생각했어요…50이면 확실히 이제 나이가 적지 않죠. 60, 70세인 분들이 '부모'보다도 '할머니, 할아버지' 세대니까요. 퀴어에 대한 시선이 딱딱하다고 하는데 우리 나이대 사람들이 부모 세대가 되면 확실히 부드러워져 있을지도 모르겠네요.

오래 살아남음으로써 할 수 있는 것

*마지막 요청이 될 것 같아요. 지금 기획하시는 이벤트를 앞으로 어떻게 진행할 지, 기획이나 기조가 있다면 간략하게 들으며 마무리 해볼까요?

마코토　길게 이어가고 싶어요. 역시 길게 이어감으로써 사람 수라던지 인식이 넓어지기 때문에. 여하튼, 길게 이어가고 싶어요. (웃음) 한 때의 유행이나 일회성인 어떤 것이 아니라 제대로 그 의미를 누군가에게 전달한다거나 존재를 알린다거나. 각각의 목적은 다를지 몰라도 모두 마음이나 생각, 의미를 갖고 활동하는 단체로 계속 있었으면 좋겠다고 생각해요.

유미　역시 일본에서는 도쿄 퍼레이드가 가장 크다고 생각합니다만, 삿포로에서도 올해부터 계속 이런 이벤트를 해나갈 거라서요. 여러가지로 저희도

유미씨가 도쿄 레인보우프라이드에 직접 다녀오신 후 사온 굿즈 티셔츠

소식을 알릴 수 있는 건 알려나갈 테니까 찾아봐 주시고 조금이라도 일본에 대해 흥미를 가져 주시면 굉장히 기쁠 것 같아요.

마코토   삿포로로 말하자면 레인보우 퍼레이드라는 이벤트가 있고, 파트너쉽 제도의 정책지정도시가 처음으로 있었던 곳이기도 하고, 물론 LGBT나 일반인 모두 살기 좋은 동네이고 지내기 좋은 동네라는 걸 말씀드리고 싶어요. 물론 섹슈얼리티나 그런 것을 신경 쓸 필요 없이 여행이든 뭐든 삿포로에 와 주세요.

유미   엄청난 선전이었어. 삿포로를 영업했네.

*아직 한국의 상황에서 바라보면 퀴어들이 살기 좋은 유토피아라고 느껴졌어요. 동성결혼이슈도 한국에서는 몇 년째 난항을 겪고 있는데 여기서는 동성 파트너십 제도가 실현되어 있기도 하고요.

마코토   동성 파트너십 제도는 일본도 시부야에서 정착되고 나서 삿포로에서 진행된건데 그 전부터 말은 나왔어요. 2000년이 되기 전? 실은 90년대부터 나왔는데 상대가 되지 않던 시대였어서. 일본도 실행된지는 꽤나 최근 일이에요.

유미   도쿄보다는 지방 -삿포로나 오사카, 후쿠오카와 같은- 그런 도쿄가 아닌 지방의 움직임이 커지고 있다고 생각해요.

*그 원동력은 뭘까요? 역시 제도적인 부분일까요?

마코토   흠… 그리고 역시 그 목소리를 낼 수 있는 환경이라던지.

유미   지역성…전신에는 삿포로시 시장이 인사하러 와 주시기도 했어요. 원래 삿포로가 LGBT 이슈 같은 것에 대해 관대하다는 지역성이 있어요.

마코토   현역 시장이나 의원같은 사람들이 온 건 아마 삿포로 뿐일걸요. 삿포로가 처음이고 아직까지 다른 곳에도 직접 간 적은 없다고 알고 있어요. 시장님 등이 직접

인사를 한 게요. 서면으로는 있다고 생각하지만, 얼굴을 드러내고 직접 마이크를 잡은 건 아직 삿포로 뿐일 거에요.

＊삿포로에 관대한 지역성이 있다는 것도 이번에 두 분을 통해 알게 됐어요. 두 분은 원래 삿포로 출신이신가요?

마코토   아, 아닙니다.

유미   저는 홋카이도 남부, 하코다테 쪽이에요. 관대해진 원인이나 이유는 역시 이전부터 활동해 온 당사자 분들의 힘이라고 생각해요.

마코토   전신인 레인보우마치 분들도 그렇죠. 그분들이 있었기에 존재를 알리고 삿포로시까지 목소리가 닿아 실현할 수 있었다고 생각합니다.

OUTRO

한 시간 조금 넘게 인터뷰를 진행하고 마무리한 뒤, 한국과의 비교를 멈출 수 없었다. 그리고 그렇게 이분법적인 사고를 지양해왔지만 여전히 내 안의 시각에 갇혀 일본의 젠더 담론을 섣불리 재단했다는 생각도 이어 따라왔다. 생각한 그 이상으로 훨씬 성소수자가 지내기에 좋은 환경에 놀라기도 했고, 성소수자 담론이 발전한 데에 비해 여성 인권에 대한 논의는 뒤떨어져있다고 생각해왔던 점이 예상과는 다른 결로 존재하고 있었다는걸 새롭게 발견할 수 있었다. 삿포로레인보우프라이드는 순조롭게 진행되고 있다.

삿포로시의 지원 하에 시내의 오도리 공원을 무지갯빛으로 수놓을 그들의 퍼레이드가 부럽기도 했고, 시민들과 성소수자들 사이의 따뜻한 결합이 있다는 점도 무엇보다 한국과 비교해 탐나는 지점이기도 했다. 하지만 마냥 부러워하면서 멈춰있을 일은 아니다. 매번 지지부진한 과정과 불명확한 지점을 거치겠지만 끊임없이 성소수자 가시화와 인권 증진에 대해 각자의 위치에서 기운을 낼 수 있다면 분명 이보다는 더 나아질 수 있을거라 믿는다.

인터뷰한 두 사람의 명함

B-side

먼저 한국어로 말을 건넨 마코토상

마코토　(한국어) 안녕하세요 저는 마코토라고 합니다.

(일동 웃음)

유미　어떻게 그렇게 (한국어를) 잘해? 난……
마코토　수학여행이 한국이었거든요.
유미　아, 그렇구나.
마코토　응.
유미　흐음~
마코토　저는 마코토입니다
유미　아 지금 그렇게 말한 거야?
마코토　응.
유미　대단하다.
마코토　이거 밖에 못해. 나머지는 전부 가이드에게 맡겨서.

어쩌면 만나볼 수도 있었던 타카하시상… 케이타상… (아련)

유미　미 수 핏 츠.
마코토　이게 그건가. 회사명 같은.
유미　아마도.
마코토　음, 우리보다 더 까다로운 사람이 있는 편이 나았을까.
유미　응…케이타씨를 데려오는 편이 더 좋았지 않아? 뭔가 얏치(별명)가 모른다고 해버리는 바람에.
마코토　못하는 건 아닌데 시간이…못하는 건 아닌데, 근데 나도 타카하시씨한테 직접 연락하고 왔으면 더 좋았을걸. 타카하시씨한테 말해 두었더니 다른 사람이 전화를 받아서.

유미   아마 일부러 그런거야. 분명히. 일부러.

마코토   타카하시씨~라고 하니까 타카하시가 지금 없어서요, 라고. 그럴지도 모르지. 타카하시씨, 개인적으로 연락해도 된다고 했고.
유미   응. 하는 편이 나을 것 같아.
마코토   그러니까, 다음부터는 타카하시씨한테 더욱…
유미   케이타씨 데려오는 편이 좋았어. 귀찮으니까.
마코토   와주려나, 켄짱.
유미   응.

굵고 짧은 한 줄

*미스핏츠라는 단체를 통해 한국에 전달하고 싶은 메세지가 있다면?
마코토   한국 가고싶다.

5. 지금, 한국의 젠더 담론은
그동안의 발걸음과 안희정 공판 후기

지금, 한국의 젠더 담론은   싱두

여성, 섹슈얼리티, 퀴어 등 전반적인 젠더에 관한 담론이 그 어느 때보다 한국 사회에 폭발적으로 터져나온 2018년이다. 하지만 이전에도 이야기는 존재했고, 지금도 그 흐름이 이어져 새로운 교차점을 지나고 있는 것 같다. 셀 수 없을 만큼 다양한 말들을 그저 흘려보내기엔 아깝다. 그래서 기록으로 과거와 지금을 연결하고, 이야기의 장을 확장해보려고 한다. 2018년 주요하게 회자되는 젠더 담론의 몇 가지 키워드를 중심으로 글을 구성했다. 조금 더 먼 미래에 이 글을 다시 읽게 된다면, '이때'와 '그때'가 어떻게 다른지 비교하고 탐구하는 짜릿함도 느낄 수 있을 것이다.

한국의 젠더 담론을 돌아보다

이때까지 이렇게 다양한 이야기가 분출됐던 적이 있을까. 접점이라곤 없어보이던 화제가 함께 이야기되고, 이전에도 존재했던 소재들이 강력한 힘을 얻어 재등장하고 있다. 문제화되지 못할 정도로 당연했던 일상이 비 일상이 됐다. 물밀 듯이 쏟아져 나오는 말과 움직임이 때로 벅차기까지 하다. 넘치고 있는 담론들 속에서 길을 찾기 위해, 자신의 언어를 정립하기 위해 어디서부터 시작해야 할까. 적어도 내가 발 딛고 있는 이 사회의 어떤 꿈틀거림에서 변화가 시작되었는지를 안다면 도움이 되지 않을까. 글쓰기는 이렇게 결코 크지 않은 계기에서 시작했다.

첫 번째 돌아봄, 한국의 반-성폭력운동

미투 운동의 영향이 아직 뜨겁다. 가정, 일터, 학교에서 비일비재하게 일어났던 성폭력이 폭로되면서 일상에 내재되어 있던 비정상들이 연결되고 있다. 이러한 연대의 말하기는 2017년이 되어 처음 등장한 움직임일까? 반성폭력운동의 한 물줄기로 등장한 해시태그 미투의 원류는 어디에 있을까. 첫 발걸음을 더듬어보기 위해 시간을 거꾸로 거슬러 올라가 보기로 했다.

혜화에서는 벌써 4차 불법촬영 편파수사 규탄시위[41]가 이루어졌다(2018년 9월 기준). 중고생을 중심으로 스쿨 미투[42] 운동이 일었고, 김지은 전 정무비서가 2018년 3월 5일 JTBC뉴스룸에서 전 상사였던 안희정 전 충남지사의 권력형 성폭력을 폭로했다. 같은 해 2월 조재현, 김기덕, 조민기 등 한국 영화계 유명인사들이 미투 외침을 통해 성폭력 가해자로 지목됐다. 이윤택, 오달수 등은 연극계 미투의 가해 당사자로 언급됐다. 1월엔 본격적으로 한국 미투 운동에 불씨를 지핀 서지현 검사의 검찰 내 성폭력 고발 인터뷰가 있었다. 2017년 말 미국 영화계에서 여배우들이 주축이 되어 시작한 미투의 파도는 인터넷 망을 타고 지구 반대편 한국에 도착했다.

[41]. 2018년 8월 4일 광화문역 9번 출구 앞에서 3차 시위를 했다. 주최 측에선 약 6만 명이 모였다고 한다. [42]. 여성 중·고등학생을 중심으로 선생님들의 성희롱 발언, 성폭력 행위, 성차별 언행을 폭로하는 움직임

그전에도 비슷한 움직임이 있었다. 2016년 10월 중순부터 트위터 상에서 #ㅇㅇ계_내_성폭력 해시태그가 퍼졌다. 처음 올라온 것은 #오타쿠_내_성폭력[43]이었다. 2016년 5월 강남역에선 여성만을 표적으로 한 살인사건이 일어나 강남역 10번 출구를 포함 전국 지하철역과 SNS, 대학교 등지에서 포스트잇과 해시태그를 이용해 집단 말하기 운동이 시작됐다. 이때를 기점으로 다양한 페미니즘 문화운동 단체가 생기기도 했다.

물론 2010년대에 새롭게 등장한 신新 영young 페미니스트[44]들의 반성폭력운동 이전에 운동이 없지 않았다. 2000년대는 90년대 반성폭력운동의 결실로 제정된 성폭력특별법이 여러 사건에 적용되어 이전까지 사적인 일로 치부되던 성폭력이 범죄로 인정되었다. 2004년 전국 여성단체들이 힘을 모아 조직한 밤길 되찾기 행사 '달빛걷기'와 2003년 성폭력 생존자 말하기 대회 '들어라 세상아! 나는 말한다.'는 현재까지도 이어지고 있다. 이 시기 반성폭력운동의 가장 큰 화두는 '제도화의 딜레마'였다. 성폭력특별법 제정, 전국 성폭력 상담소 개설, 정부지원 사업의 수혜 등 반성폭력운동이 제도권에 진입했다. 그 결과 운동이 매뉴얼화되고 운동가 및 상담가의 전문성이 강조되었다. 행정전산망 위에서 좀 더 명백하게 성폭력에 관한 국가와 사회의 책임을 명시했다는 의미가 있었지만, 그와 동시에 반성폭력운동의 탈脫정치화, 자율성 감소, 관료주의의 영향으로 인한 수적 성과 강조

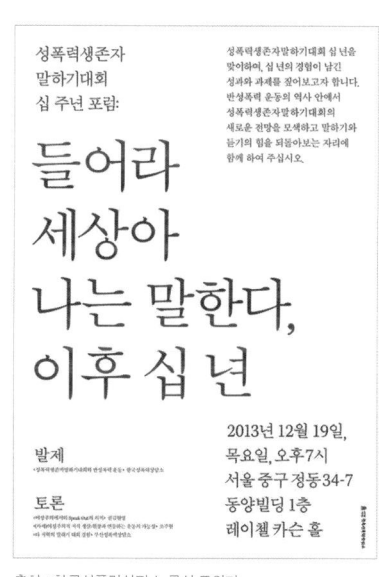

출처 : 한국성폭력상담소 공식 트위터

43. twitter.com/metamongbites/status/787943466781126656 44. 신 영 페미니스트란, 1990년대 등장한 영 페미니스트 이후 인터넷 네트워크를 중심으로 2010년대 들어 등장한 여성주의자들을 의미한다.

등이 새로운 문제로 부상했다. 성과가 한계로 지적받는 상황에서 2000년대의 반성폭력운동은 수많은 고민과 혼란을 떠안았다.

90년대엔 성폭력특별법이 제정될 수 있었던 여러 계기가 존재했다. 90년대 중후반 대학가를 중심으로 당대 영 페미니스트들이 활동했는데, 기존 여성 운동가들과 비교해 훨씬 급진적이고 흥미로운 문화운동을 전개했다. 꾸준히 반복된 고대생 이대 축제 난입 폭행 사건[45], 연세대 집회 진압 경찰 성폭력 사건[46]등은 성정치 문화제, 여성영화제, 안티 미스코리아 문화제, 월경 페스티벌과 같은 새로운 반성폭력실천운동이 발생하는 데 기폭제가 됐다. 또한 대학 영페미들의 활약은 반성폭력/페미니즘 담론을 통해 공동체 문화를 성찰하게 했다. 성폭력을 저지른 개인을 예외적인 괴물로 모는 것이 아니라 그를 키운 사회 구조를 돌아보자는 게 골자였다.

90년대 초는 성폭력 방지 관련 법규를 제정하기 위한 기존 페미니스트들의 운동이

출처 : 한겨레신문의 2014년 기사

45. 1996년 5월 29일 500여 명의 고려대학교 학생들이 이화여자대학교의 축제인 대동제 폐막식에 난입하여 소동을 벌여 이대 학생이 부상까지 입은 사건으로, 1985년부터 이어져 오던 고려대학교 학생들의 대동제 난입 난동 사건 중 하나이다. 46. "이어 97년 8월, 한총련의 연세대 시위를 진압하는 데 투입된 경찰들이 여대생들의 옷을 벗기고 가슴을 주무르는 등 집단적으로 행한 성추행 사건의 폭로는 다시 한 번 성차별적이고 폭력적인 사회에 경종을 울렸다." 출처 : "경찰, 여대생 연행 중 또 성추행", 여성신문, 2005. 05. 12, www.womennews.co.kr/news/10286

거셌다. 1994년 성폭력특별법이 정식으로 시행되기 전, 93년 3월 서울대 여성 계약직 조교수가 해당 학과 정교수 신정휴로부터 지속적으로 성폭력을 당했다고 대자보를 통해 폭로했다. 당시 "뭘 이런 사소한 일로 법정까지 가냐"는 남성 중심 사회의 비아냥에도 불구하고, 6년간 지난한 법정 다툼 끝에 원고가 승소했고, 학생들의 연대로 해당 정교수의 수업이 폐강되는 성과를 얻었다. 91, 2년엔 성폭력 가해자에 관한 명확한 처벌과 피해자 보호 조항이 없어 성폭력 피해자가 가해자를 살해하는 사건[47]이 벌어졌다. 법 제정의 필요성을 여실히 일깨워준 반성폭력운동의 주요 장면들이 1983년 한국여성의전화, 1987년 한국여성단체연합 설립 및 활동과 맞물려 한국에서 본격적으로 반성폭력운동이 활기를 띠었다.

두 번째 돌아봄, #MeToo, 말하기는 힘을 얻고, 공감이 연대가 되고

앞서 언급했듯 한국의 미투 운동은 서지현 검사의 방송 인터뷰를 통해 대중화되기 시작했다. 이전에도 다양한 필드 내 성폭력을 고발하는 해시태그가 있었지만, 대중에게 좀 더 익숙하게 각인된 장면은 여성 검사가 혼자서 담담하지만 떨리는 목소리로 자신의 성폭력 경험을 이야기하던 것이다. 이후 성폭력 생존자들의 말하기는 더욱 힘을 얻었다. 문단, 예술계, 영화계, 정치계, 종교계 등까지 미투의 들불이 번졌다. 대학 내에서 여성주의 공동체 운동을 이어오던 모임들과 개인이 단톡방 성희롱, 수업 중 교수의 성폭력 발언과 행위를 학생사회에 적극적으로 공론화했다. 연세대, 이화여대, 동덕여대, 세종대, 부산대 등 수많은 대학 구성원들이 미투 운동의 흐름에 힘입어 교수의 성희롱, 권력형 성폭행 행위에 비판의 목소리를 높였다. 공공연히 이루어지던 단톡방 성희롱도 명백한 범죄라는 인식을 심어줬다.

미투가 한국 사회에 가져온 가장 큰 성과는 일상의 분위기를 변화시켰다는 점이다. 피해 당사자들은 조금 더 떳떳하게 자신이 겪었던 불편함, 성폭력 경험을 말할 수 있게 됐다. 340여 개 여성/노동/시민단체와 미투 운동을 지지하는 개인으로 구성된

---

47. "성폭행 피해자의 가해자 응징... 오죽하면 그랬을까 [성폭력특별법 시행 20년①] 기폭제가 된 1991년 김OO 사건", 오마이뉴스, 2014. 04. 10, omn.kr/7r6b

'미투운동과 함께하는 시민행동'도 출범했다.(2018. 03. 16) 이 연대는 전국 주요 도시(서울, 광주, 전주, 대구, 김해, 포항 등)에서 동시다발로 몇 차례 미투 끝장집회를 열었다. 실제로 미투 운동이 시작된 이후 가정폭력, 성폭력 등 모든 여성폭력 피해를 상담하는 1366의 성폭력 상담건수가 작년 같은 기간(2017년 1~3월)에 비해 51% 이상 늘었다. 여성주의 운동권과 대중으로 분리되어 있던 경계가 흐릿해지고 미투는 모두가 공감할 수 있는 소재, 더 많은 사람들이 쉽게 참여할 수 있는 공간으로 한국 반성폭력운동을 이동시켰다. 더 이상 참지 않는다는 외침이 힘을 얻어 일상의 연대가 가능해졌다. 이 바탕엔 놀라운 소통망 기술의 발전이 있었다.

세 번째 돌아봄, 백래쉬Backlash[48]

하지만 당연히 모든 발걸음이 쉽지 않았다. 한국 여성운동의 모든 순간에 백래쉬가 있었다고 말해도 무방할 정도라고 할까. 1993년 서울대 화학과 정교수 성희롱 사건 1심 재판에서 피고인 정교수가 3000만원을 배상하라는 판결이 나왔다. 이후 "여자 옆에 가려면 3000만원을 준비해야 한다."는 농담이 장난처럼 유행했다. 어디서 많이 들어본 말 같다는 느낌은 착각이 아니다. 이외에도 역차별, 꽃뱀, 안티/반 페미, 페미나치[49] 등 다양한 단어가 백래쉬의 언어로 활용되었다.

2000년대 중반 퍼졌던 '죠리퐁 괴담'을 기억하는지 모르겠다. 여성부가 여성의 성기 모양을 닮은 과자 죠리퐁 불매운동을 펼치고 있다는 엄청난 소문이었다. 물론 이 소문은 사실무근이었다. 그러나 이는 온라인상에서 여성부의 쓸모없음을 주장하는 문구가 되었고 당시 다음 포털에서 진행된 여성부 폐지 서명운동은 5만 명 가까이 되는 사람의 동의를 얻어냈다. 죠리퐁 사건이 아니더라도 여성부는 언제나 역차별의 상징처럼 여겨졌다. "남성부는 없고 여성부만 있는 것은 역차별이다.", "여성 인권이 말도 못하게 신장된 요즘 시대에 아직까지 여성부가 남아있는 것은 시대착오적이다." 등의 문장이 낯설지 않다. 지난 대선에서 한 후보는 여성부를 해체하고 그 기능을

---

48. 사회 변화나 정치적 변화로 인해 자신의 중요도나 영향력, 권력이 줄어든다 느끼는 불특정 다수가 강한 정서적 반응과 함께 변화에 반발하는 현상을 가리키는 사회학 용어.   49. 페미니즘과 나치즘의 합성어. 페미니스트를 나치에 비유하며 비하하는 말

출처 : '대선주자 국민면접' 캡처 이미지, SBS, 2017. 02. 16

여러 부처로 분산시키겠다는 공약[50]을 내세웠다.

비슷하게 대학 내 총여학생회[51]의 필요성에 관한 논란은 거의 매년 이슈가 된다. 중앙대, 건국대, 경희대 국제캠, 홍익대 등은 학생전체 논의 및 투표로 총여학생회가 폐지됐다. 가장 최근엔 연세대에서 인권축제 연사 초청 강행[52]을 발단으로 총여학생회 재개편 - 사실상 폐지 - 운동이 있었다. 총여학생회가 받는 의문과 비판은 학교마다 큰 차이가 없다. 왜 학내 구성원 모두가 내는 학생회비가 여학생의 권리를 주로 보호하는 총여학생회에 할당되어야 하는지, 총여학생회가 있어야 할 만큼 학내에서 여전히 여성 학우가 소수자의 위치에 있는지, 여성의 권리보호를 우선하는 건 역차별이 아닌지 하는 등의 질문이 반복된다. 사회적 소수자에 대한 여러 해석이 충돌하는 현 대학 문화 속에서 총여학생회는 점점 스스로의 존재 이유를 설명하는 데 어려움을 겪고 있다.

---

50. "[국민면접] 유승민 "여성가족부 폐지해야…부처로서 독립된 역할도 못해"", SBS NEWS, 2017. 02. 17, news.sbs.co.kr/news/endPage.do?news_id=N1004048899 51. 총여학생회는 대학 내 남성 중심적 문화와 빈번한 성폭력으로부터 여성 학우의 권리를 보호하기 위해 처음 대학사회에 뿌리내렸다. 52. 은하선을 인권축제 연사로 부르는 것은 여러 이유로 부적절하다며 반대한 일부 재학생의 강한 반대에도 총여학생회가 "대학 내의 페미니즘 백래쉬"주제의 강연에 그를 초청한 일.

최근에는 여성 이외의 다양한 학내 소수자들과 연대함으로써 자주 지적받는 총여학생회 자체의 한계를 극복하려는 움직임을 보이는 곳도 있다. 이러한 움직임을 보이는 총여학생회가 없어도 될 만큼 대학 사회에서 성평등, 소수자 기본권 보장이 잘 이루어지고 있냐고 묻는다면, 그렇다고 단언할 수 있는 이는 없다. 사회 내 여성우선 공간들, 남성만 지는 병역의무, 남성에게만 가중된 위험노동 같은 소재는 역차별 이슈에서 단골로 등장한다. "남성이 힘들고 어려운 건 다하고 여성은 편하게 사는 요즘 세상"이라는 클리셰는 스스로를 피해자에 위치시킨 남성들의 억울함에 가려진 여러 맥락을 지운다. 지하철과 주차장에 여성우선 칸이 왜 만들어졌는지, - 대중교통 등에서 찍힌 여성 대상 불법촬영물이 인터넷에서 공공연히 유통되고 있고, 주차장 내 여성우선 칸은 여성 대상 범죄 예방과 임산부, 유모차를 이용하거나 아이와 함께 온 가족 단위 운전자를 위해 조성되었다는 점 - 남성들이 스스로 위험한 일을 전담하게 하고, 오랜 역사동안 여성을 보호받아야 하는 무조건적 약자로 설정해놓은 주체가 누구인지에 대한 고민은 적다. 고민이 부재한 곳에 분노가 남았다.

2015년 메르스 사태 당시 생겨난 메갈리아[53]는 2010년대 백래쉬의 아주 적절한 표적이었다. 미러링 전략으로 기존 여성혐오 발언을 그대로 반사한, 메갈리아의 취지에 공감한 이들은 당황과 충격 그 자체였다. 혐오는 강자의 언어였기 때문에 이를 약자인 여성이 적극적으로 활용하는 모습은 기성 사회에 불편함을 줬다. 이후 '메퇘지(메갈리아 + 암퇘지)'라는 신조어가 탄생했다. 인터넷 상이나 현실에서 페미니즘 관련 활동이나 발언을 하는 여성들을 비하하는 말이다. 메갈리아 사이트가 다른 여러 여성주의 단체로 분화되어 사라졌음에도 메갈과 메퇘지라는 단어로 살아남았다. 어느 때는 '급진' 페미니스트들의 도를 넘은 발언을 비판한다는 명목으로, 어느 순간엔 여성운동 자체를 조롱하는 데 메갈/메퇘지가 자주 등장했다.

---

[53]. '메갈리아'는 여성중심적 세상을 그린 소설 「이갈리아의 딸들」과 메르스 갤러리의 합성어이다. 메르스가 유행한 2015년 6월, 홍콩에서 메르스 증상을 보인 한국 여성들이 격리를 거부했다는 루머가 퍼졌다. 온라인 커뮤니티 디시인사이드의 메르스 갤러리에는 이들 '김치녀'를 질타하는 여성혐오성 발언이 쏟아졌다. 메르스 갤러리의 여성들은 이러한 온라인 여성 혐오에 반발했다. 디시인사이드는 반발에 제재를 가했다. 이들은 '탄압'을 피해 직접 '메갈리아' 사이트를 만들어 정착했다.

미투 운동이라고 예외는 아니었다. 두려움을 무릅쓰고 성폭력 피해 사실을 폭로한 피해 생존자들에게 종종 꽃뱀, 무고죄 등의 꼬리표가 붙었다. 성폭행 피해자 여성이 자살한 사건을 '정조 관념을 지킨 숭고한 죽음[54]'으로 미화하던 과거보다 훨씬 교묘한 형태로 백래쉬가 몰아쳤다. 그 다음엔 가해자의 창창한 미래에 누가 된다는 식으로, 또 그 다음엔 피해자도 의도를 가지고 접근했을지 모른다는 식으로. 성폭력 피해자에겐 어떠한 폭력 피해자에게도 묻지 않던 질문과 자격 심사를 유독 철저히 적용했다. 피해 당사자는 끊임없이 자신의 때 묻지 않은 고결한 피해자성을 증명해야 하며, 조금이라도 이상적인 피해자 상에서 벗어나면 무고죄의 위험을 동시에 감수해야 한다.[55] 그 과정에서 생겨난 2차 가해와 역고소의 두려움은 다른 성폭력 생존자들의 입을 막는 도구가 됐다. 3000만원을 운운하던 1993년과 같이 "너도 그러다 미투 당한다"는 말도 가벼운 농담으로 소비됐다. 아예 논란의 불씨를 만들지 말자는 기적의 논리로 등장한 '펜스룰[56]'은 사회에서 여성을 정당하게 배제할 수 있는 단서를 제공했다. 심지어 "미투가 사람을 죽인다."는 말까지 등장했다. 여성을 비롯한 성폭력 생존자들은 미투로 힘겹게 힘 있는 연대의 언어를 얻었지만, 다시 한 번 답답한 현실에 직면해야 했다.

네 번째 돌아봄, 확장하는 젠더담론, 억압과 차별의 교차점에서

한국에서 30년이 넘는 시간동안 반성폭력운동이 활발하게 전개되고, 미투 운동의 불꽃이 거세게 타오를 수 있었던 원동력은 오랜 역사 속에 만연했던 폭력의 문화에 저항하기 위함이었다. 여성들은 남성 중심적 가부장제 사회에서 숨죽여 살다가 그것이 굉장히 부자연스러운 일이었음을 깨달았다. 여성이라서 받던 차별과

---

54. "택시운전사에게 성폭행당한 여대생 유서 쓰고 투신자살", MBC, 1997.09.11 55. 무고죄 처벌 강화 관련 국민청원은 빠르게 20만 명이 훌쩍 넘는 사람들의 동의를 얻었다. 그에 대한 정부 답변은 : www1.president.go.kr/petitions/244045. 노영희 변호사는 CBS 김현정의 뉴스쇼와의 인터뷰(2018. 06. 20)에서 "먼저 성폭력 사건 수사를 한 후 무고죄 여부를 판단하는 것이 당연한 순서다."고 발언했다. 56. 미국 부통령인 마이크 펜스가 2002년 당시 미국 의회 전문지 〈더 힐〉 인터뷰에서 아내가 아닌 다른 여성과는 단둘이 식사하지 않고, 아내 없이는 술자리에 참석하지도 않는다고 말한 발언에서 비롯된 용어. 성추행 등 문제가 될 수 있는 행동들을 사전에 방지하기 위해 아내 외의 여성들과는 교류를 하지 않겠다는 의미를 담고 있다.

억압은 침묵하고 받아들일 것이 아닌 하루빨리 없애야하는 적폐임을 알게 된 이상
당사자들은 가만히 있을 수 없었다. 여성들은 해방을 외치며 거리로 나왔다. 동시에
길 위에서, 가정에서, 대학에서, 노동 현장에서 새로운 여성주의 담론들이 터져 나왔다.
여성해방은 완전한 성해방을 위해 필수불가결하다는 주장이 대두됐다.

하지만 모든 성폭력, 성 억압이 남성-여성 간 이분법적 젠더 권력 차이에 기반을
두고 있는가? 라는 질문에는 선뜻 그렇다고 답하기 어렵다. 여성으로 대표되는 성의
억압을 이야기하는 순간 관계된 다른 젠더 권력을 떠올리지 않을 수 없기 때문이다.
여성, 남성으로 모든 인간을 구분 짓기 시작하던 오랜 역사의 어느 시점에서부터, 그
이분법이 여전히 공고한 현재까지 두 쪽 어디에도 소속되지 못했던 성들이 분명히
존재한다. 억압은 눈에 보이는 차별로 나타나기도 하지만 존재를 지우는 방식으로도
등장한다. 여성에 대한 억압이 현대에 들어 비교적 많이 가시화된 반면 또 다른
성들을 억압하는 기제는 바탕의 배제, 그 자체였다.

퀴어로 불리며 이성애 중심 젠더이분법 규범에 속하지 않는 이들은 정상 사회의
규칙을 교란한다. 공공연히 드러나지 않지만 어디에나 있으면서, 규범에 맞지 않는
겉모습을 하고 인구 재생산을 거부하는 이미지로 종종 표상된다. 사회에서 여성으로
구성되어 살아온 이들도 어떤 관점에선 비슷하다. 남성중심적 사회구조 안에서
남성이 아닌 이들은 보편 규범에서 멀리 떨어진 곳에 있었다. 여성은 남성을 유혹해
혼란에 빠뜨리고, 가정 안에서 언제나 보호받아야하기 때문에 바깥으로 나오면
여러모로 위험한 존재로 묘사됐다. 그런 여성들이 시대의 흐름과 변화에 발맞춰
자신들을 고립시키던 경계를 넘고 있다. 당황과 충격과 함께 혁명을 주도하며 견고한
벽을 파괴하고 있다. 스스로를 옭아매는 억압의 뿌리가 젠더에서 시작한다는 점,
예외이자 주변인으로 대상화된다는 점에서 여성주의와 퀴어 담론은 많은 부분을
공유하고 서로 맞물릴 수 있다.

담론의 교차성을 말하는 게 모든 여성, 퀴어 범주에 속한 인간들을 하나의 기준으로

뭉뚱그리겠다는 의미는 아니다. 오히려 서로 만나는 지점에서 다양한 젠더 억압의 면모를 나누며, 운동을 지속할 수밖에 없는 상황에 새로운 동력으로서의 '연대'를 제안해보자는 것에 가깝다. 올해로 서울퀴어문화축제는 19회를 맞았다. 20년 가까운 시간이 지난 만큼 더욱 다채로운 젠더, 성 지향성이 대두되었을 뿐 아니라 민주노총, 난민인권단체 등 조금은 결이 다른 목소리들과의 연결도 늘어보였다. 단순히 사회적 소수자성의 교차로만 설명하기엔 복잡한 모습들 속에, 여성주의의 목소리가 당연하게 녹아들어 있었다. 퀴어들의 축제에서 여성주의/페미니즘 담론과 마주할 수 있었다는 건 어쩌면 여러 젠더 담론이 교차함과 동시에 확장하고 있다는 한 증거가 아닐까.

아직 다 풀어내지 못한 타래가 쌓여있다. 셀 수 없는 페미니즘의 갈래들, 몸을 둘러싼 투쟁, 성과 노동 등 써내려갈 이야기가 무궁무진하다는 말이다. 여기에선 한국 사회의 이야기만을 했지만 성의 담론은 이미 국경, 민족을 넘어 서술되고 있다. 경계를 극복한 더 많은 사람들이 새로운 '썰'을 풍부하게 만들어냈으면 한다. 무엇이 옳고 그른지를 이야기할 때도 있겠지만, 한 고민에서 어떤 나뭇가지가 또 뻗어나갈 수 있는지를 함께 고민하는 일상이 도래하기를 바란다.

우리는 이길 것이다, 이겨야 한다, 이길 수밖에 없다

안희정 권력형 성폭력 사건 재판 결심 공판 방청을 다녀와서 2018.07.27

*재판 내용을 손으로 받아 적은 것이기 때문에 발언이 완전히 일치하지 않을 수 있다. 최대한 말의 요지를 반영했다.

방청연대에서 공지한 집합 시간은 8시 30분이었지만, 늦으면 선착순 명단에 못 들 수 있다는 말을 듣고 30분 정도 일찍 도착했다. 이미 법원 앞엔 10명 정도의 사람들이 줄을 서 있었다. 내가 온 뒤로도 줄이 길게 이어졌다. 30분이 되자 법원 문이 열렸다. 소지품 검사를 한 후 법원에 들어갔다. 재판이 열리는 법정은 3층에 있었다. 3층에 올라가서 한 차례 더 줄을 섰다. 법원 관리자처럼 보이는 분이 선착순 40명만 들어갈 수 있다고 공지했다. 다행히 나는 20번 째 즈음에 섰다. 9시 40분부터 입장이라고 해 법정 앞에서 또 한 시간 정도를 기다렸다.

9시에 신분증을 확인하고 대기 명단을 적었다. 24번을 받았다. 30분 정도 앞에서 대기하고 있다가 입장하는 느낌이 들어 법정 안에 자리를 잡았다. 10시가 되어가자 원고 측과 피고 측 모두 입장하고 판사 두 명이 배석했다. 중앙에 앉은 판사가 오늘의 재판 일정을 간단하게 소개했다. 오전엔 피해자 최후진술 및 피해자 변호사가 최후변론을 마무리하고, 휴정 후 오후엔 검사 측 최후변론, 구형과 피고인 최후진술 및 피고인 변호사 최후변론을 진행한다고 했다. 첫 재판 방청이라 얼마나 시간이 걸리는지 감이 잘 오지 않았다.

판사는 원고, 피고 모두에게 혹시 더 제출할 자료나 증거가 있냐고 물었다. 각 측은 약간씩 자료를 더 제출했다. 그 중 하나는 증거 수집 과정에 위법 소지가 있어 정식 증거로 채택할지에 대한 논의가 짧게 오갔다. 본격적으로 재판이 시작되기 전, 판사 측에서 중요한 공지 하나를 내렸다. 본 사건의 언론 보도에 관한 내용이었다. 방청석 오른편엔 프레스를 건 기자들이 앉아있었다. 판사는 "원래 모든 재판은 공개 재판으로 진행해 과정의 투명성을 확보하는 게 원칙이다. 하지만 이번 사건의 특수성 및 피해자의 요구로 피해자 측 증언 등 일부 재판 내용이 비공개 처리됐는데, 상당수 언론은 피고인 측 발언만을 있는 그대로 받아 적어 보도했다"는 요지로 말했다. "아직 재판부의 판결이 나지 않은 상황에서 그런 식으로 보도하는 것은 사람들이 마치 피고 측 발언이 모두 진실인 것처럼 착각할 수 있게 한다. 법원 판단이 나오기 전까지는 보도에 있어 신중해야 한다."는 식의 말도 덧붙였다.

재판 하루 전, 위력에 의한 성폭력과 2차 피해를 주제로 긴급 토론회가 열렸다. 안희정 전 지사에 의한 성폭력 사건이 가장 큰 화두였다. 발제자들은 입을 모아 2차 가해를 일삼는 선정적인 언론의 성폭력 사건 보도를 지적했다. 여러 종편 시사 프로그램에서 연예 가십 기사 제목 같은 자극적인 헤드라인으로 이번 사건을 보도했다. 보통 큰 제목만 보는 사람들이 충분히 곡해할 만했다.

"산부인과 진단서"(7/3, TV조선 이것이 정치다),
"애 아빠 살려야지"(7/10, TV조선 이것이 정치다),
"리조트에서 무슨 일이?"(7/13, TV조선 이것이 정치다),
"안 부인 남편 구원투수 될까"(7/13, 채널A 정치 데스크),
"학벌 좋은 여성" vs "나르시시즘"(7/3, 채널A 뉴스 TOP10),
"김지은이 호텔 직접 예약"(7/12, 채널A 뉴스 TOP10),
"'비서 마누라'로 불렸다"(7/13, 채널A 뉴스 TOP10)

김언경 민주언론시민연합 사무처장은 "피고의 발언을 그대로 받아쓰는 따옴표 저널리즘이 이번 사건에서 두드러지고 있다. 한 종편 앵커가 피해자 증언이 일부 비공개 처리되어 어쩔 수 없는 부분이 있는데 황색 저널리즘이라는 소리를 듣는 건 억울하다는 식으로 이야기했다. 황색 저널리즘과 따옴표 저널리즘은 아무런 상관이 없다. 지금의 언론 보도 행태는 기존의 성폭력 사건 보도 윤리 지침에서 봐도 어긋난다"고 이야기했다. 그렇다고 언론보도를 막을 수 있는 방법과 명분이 없다. 기자의 양심과 자성에만 의존할 수밖에 없는 한계가 있지만, 끝까지 예의주시하며 경고 메시지를 던지는 게 중요하다는 생각이 들었다.

재판부 입장 전달이 끝나고 공판이 시작됐다. 10분 정도 휴식하고 피해자가 떨리는 목소리로 최후 진술했다. 법정 방청석에선 기자 포함 모든 사람들이 노트북을 사용할 수 없었기 때문에 받아쓸 수 있는 부분을 수첩에 기록했다. 그런데 도저히 피해자 진술 부분을 써 내릴 수 없었다. 자신의 피해 사실을 울먹거리는 목소리로 재판부에 전달하는데, 그 고통이 너무 뼈저리게 느껴졌다. 모두가 비슷한 감정을 느꼈는지 방청석 곳곳에서 숨죽여 우는 소리가 들렸다. 옆 사람 등을 토닥이고 서로에게 기대기도 했다. 목소리는 떨렸지만 피해자가 진술서에서 전달하고자 하는 바는 명백했다. 자신은 성폭력 범죄의 피해자이며 그간 헤아릴 수 없는 고통을 겪었다는 점, 자신과 피고인의 관계는 상하관계 그 이상 그 이하도 아니었다는 점, 또 다른 피해자가 존재하고 그들을 위해서라도 자신이 포기할 수 없었다는 점, 피고가 적합한 법의 심판을 받기를 간절히 바란다는 점. 피고인에게 직접 말하는 것 같은 부분도

있었다. 처음부터 끝까지 말하는 목소리는 크지 않았지만 강했다. 그저 지금까지
힘내줘서, 여기까지 와줘서 고맙다는 말을 꼭 전하고 싶었다.

피해자 최후진술 후 변호인이 피고인의 범죄 사실을 정리해 10분 정도 최후
변론했다. 12시가 조금 안된 시간 즈음에 판사가 한 시간 반 휴정을 공지했다. 법정을
관리하시는 분이 방청인들에게 1시 20분까지 복귀하지 않으면 대기번호를 받은
분들에게 방청권이 넘어간다고 말했다. 아침에 40명을 훨쩍 넘는 사람들이 왔었기
때문에 순번에 들지 못한 사람들은 대기 번호를 받았다. 그 중 일부는 법원 앞에서
피해자를 지지하고 안희정의 처벌을 요구하는 피켓 시위를 벌였다. 멀리 나갈 수는
없을 것 같아 법원 근처 빵집에서 간단히 허기만 채웠다.

점심을 먹고 조금 일찍 들어와 바로 앞자리에 앉았다. 판사들이 입장하고 재판이
재개됐다. 검찰 측이 먼저 최후진술을 시작했다. 사건의 경위, 피해자와 피고인의
극도로 비대칭적인 관계, 구형에 영향을 준 법적 근거, '위력'의 정의 해석 등의 내용을
프레젠테이션을 통해 비교적 자세히 설명해줘 이해가 쉬웠다. 우리나라에서 1953년
형법 제정 당시 '업무, 고용 등 기타 관계'라는 사적 지위까지 포괄하는 규정을 둔
업무상 위력간음죄를 신설한 이유는 한국사회 내 위계적 관계의 특수성이 반영된
피해자 의사에 반하는 성적 폭력에 대한 인식에 근거하고 있다.[57] 하지만 이때까지
위력간음이 실형으로 이어진 경우는 거의 없다. 5년 이하 유기징역 또는 1500만
원 이하 벌금형이라는 낮은 법정형을 규정하고 있어 감경요소가 있으면 대부분
벌금형으로 약식기소 되었기 때문이다.

검찰은 피해자와 피고인의 관계에 분명한 '위력'이 있었다고 주장했다. 어떠한
연애감정의 증거를 찾을 수 없었다고 했다. 피고 스스로도 업무 시간 외에 피해자와
사적으로 연락을 주고받거나, 데이트를 하는 등의 행위는 없었다고 진술했다.

[57] [긴급 토론회] 위력에 의한 성폭력과 2차 피해 - 안희정 전 지사에 의한 성폭력 사건을 중심으로(2018. 07. 26) - 의 네 번째
발제문 "업무상 위력간음에서의 '위력' 해석(잠입다색)" 37쪽

위력간음 외에도 강제추행 등의 공소사실도 곧이어 입증했다. 피고인 측 주장에 대해서도 면밀히 검토해 반박했다. 마지막으로 중간에 앉아있던 검사가 일어나 검찰 측 발언을 갈무리했다.

"검사는 의심하는 직업이다. 때문에 검찰도 피해자의 말을 무턱대고 믿진 않는다. 하지만 증거를 모으면 모을수록 피해자를 의심하지 않게 됐다. 이 사건은 모든 범죄 성립 요건이 충족된다. 모든 조직이 위계질서에 따라 움직이지만 정무직은 그것이 한 인물을 중심으로 더욱 강하게 작동한다. 최고 권력자의 말 한마디면 아랫사람들의 직위가 결정된다. 민주주의를 위해 일하는 조직이 가장 비민주적인 것은 아이러니다. 그런 조직에서 성폭력이 발생했다. 피고는 피해자의 취약성을 이용해 그를 성적 도구화했다. 범행 기간이 장기적이고 횟수도 많다. 새로운 법리를 적용해달라는 게 아니다. 있는 법 그대로 판단해주시길 바란다. 대법원의 관련 판례도 일관적이다. 여성이 피해자인 성폭력 범죄에서, 왜 말하지 않으면 동의했다고 이해해야 하는가? 왜 특정한 피해자상을 요구하는가?"

검찰은 징역 4년과 성폭력 관련 교육 이수, 신상정보공개고지명령을 구형했다.

이어 피고인 측 변호사가 최후 변론을 시작했다. 피해자에 대한 2차 피해를 방지하기 위해 위축된 상태에서 변론을 진행했다고 했다. 그러나 이어진 변론은 왜 피해자가 피고인과 변호인단을 '5명의 안희정'으로 느꼈는지 공감할 만 했다. 변호인단은 피해자의 허위진술과 피해 이후 보여준 '피해자답지 않은' 피해자의 모습을 증명하기 위해 부단히 노력했다. 카카오톡과 텔레그램 대화에 등장한 이모티콘, 사소한 말투에서 피해자가 피고인에게 긍정적인 감정을 표현하고 있다고 주장했다. 또한 피해자는 인지능력과 의사표시 능력이 매우 우수한데 왜 '명확한' 의사 표현을 하지 않았는가를 의문시했다. 들으면서 개인적으로 느낀 점 그대로를 말하자면 많이 당황했다. 지금은 그저 피고인일 뿐이지만 안희정 정도의 권력자라면 분명 실력 좋은 변호인단을 섭외했을 텐데 저 정도 수준의 변론을 하는 건가 싶었다. 납득하기 힘든 변론이 나올 때마다 방청석에서 탄식이 터져 나왔다. 법정 관리자는 소란한 방청석을 진정시켰다. 재판관 입장이라면 물론 다를 수도 있지만, 법적 지식이 거의 0인 내가 봐도 논리가 많이 부족한 변론이었다. 피고 측 변호인단은 피해자 진술의 신빙성과 증언 증명이 부족하다는 이유로 무죄를 주장했다.

재판 방청 중 가장 충격을 받은 건 피고인 안희정이 최후 변론을 할 때였다. 그는 자리에서 일어나 자신을 사랑해준 국민들과 지지자들에게 사과를 올렸다. 내 예상이지만 아마 95% 이상의 확률로 그 공간에 피고인 변호인단과 재판부를 제외하고 그를 지지하는 사람은 한 명도 없었다. 그 말이 끝나자마자 방청석에서 야유가 빗발쳤기 때문이다. 애쓰는 검사, 판사들에게까지 미안한 마음을 표했지만 끝까지 피해자 본인에게 직접 사과하진 않았다. 그러다 갑자기 정말 엄청난 말을 내뱉었다. 매우 억울한 말투로 딱 이렇게 말했다.

"지위로 다른 사람의 인권을 어떻게 뺏습니까?"

너무 충격적이라 말이 나오지 않았다. 그는 분명 괴물이었다. 빈번하게 성폭력을 저지르며 유력한 대권후보였던 당시 인권, 젠더 감수성을 입에 올렸다.[58] 미투 운동을 지지하기까지 했다. 동시에 피해자가 미투 운동에 동참할까 노심초사했다. 이런 괴물을 키우고 강력한 권력을 손에 쥐게 한 한국 사회는 대체 무엇일까. 안희정 개인에 대한 분노와 사회에 대한 회의가 몰려왔다. 마지막으로 안희정은 사회적,

---

58. "안희정 "세계적 수준의 새로운 규칙 요구"", 굿모닝충청, 2018.02.15., www.goodmorningcc.com/news/articleView.html?idxno=82000

도덕적 책임은 달게 받겠지만 법의 판단만은 진실하게 되었으면 좋겠다고 말했다.

아침 10시부터 이어진 재판은 오후 네 시가 넘어 끝났다. 재판부는 최종 선고가 8월 14일 오전 10시 반에 이루어질 것이라고 예고했다. 법원 앞에는 안희정이 나오길 기다리는 카메라들이 줄서있었다. 추접한 가는 길을 별로 보고 싶지 않아 법원을 빠져나왔다. 전날 참관한 긴급 토론회에서 들은 말이 기억났다. 이번 재판의 결과가 이후 등장할 수 있는 다른 업무상 위력 성폭력 사건의 판단 기표가 될 것이라고 했다. 그렇기에 우리는 이겨야 한다. 이길 것이다. 이길 수밖에 없다.

마지막은 토론회 마지막 발제문이었던 권김현영 선생님의 글 일부로 채우고자 한다.

"존경하는 재판장님, 피고인 안희정에게 합당한 처벌을 내려 우리 사회에 함께 살아가고 있는 수많은 여성들에게 사법적 정의에 대한 희망을 보여주시기를 간곡하게 부탁드립니다… 여성을 남성의 소유물로 취급하던 사회에서 성폭력은 정조의 문제이지만 여성과 남성 사이의 불평등한 권력관계를 인정하고 변화를 모색하는 사회에서 성폭력은 성적 자율권을 부당하게 침해한 문제가 됩니다. 하지만 여전히 재판에서 성폭력은 정조를 지키지 못한 피해 여성의 불행으로 취급되고, 피해자의 혼인여부와 사생활이 성폭력 유죄 판결에 영향을 미치는 일들이 종종 있습니다. 이번 재판에서마저 이런 판결이 반복된다면 한국 사회의 사법정의에 대한 여성들의 불신은 극에 달할 것입니다. 존경하는 재판장님, 피감독자를 간음하여 자신의 권력을 남용한 피고인 안희정 전 충남도지사의 행위를 부디 법으로 엄단해주시기 바랍니다."

덧붙여, 안희정 사건 1심 무죄에 보내는 살아남은 자들의 목소리 2018.08.18

지난 8월 14일은 안희정 위력 성폭행 재판의 1심 선고 기일이었다. 마지막 1심 재판이자 판결이 나오는 날이었던지라 법원 앞은 새벽부터 재판을 방청하려는 사람들로 붐볐다. 입구에 진을 친 기자들과 카메라들도 이번 사건의 결과가 우리 사회에 끼칠 파장이 클 것이라는 점을 보여주는 듯 했다. '위력에 의한 성폭력'이 법적으로 어디까지 인정될 수 있을 것인가. 오늘의 결과가 앞으로 진행될 많은 성폭력 재판에 어떤 선례로 남을 것인가. 미투 운동이 시작된 이후 우리 사회의 성인지 감수성[59]이 높아진 상태에서, 시민사회와 여성계는 긍정적인 판결이 나올 것을 기대했다.

하지만 선고가 시작된 후 나온 속보는 충격적이었다. 피고인에게 징역 4년과 성폭력 교육 이수, 정보공개명령을 요구했던 검찰의 구형과는 정반대로 안희정은 1심 무죄를 선고받았다. 재판부는 판결문에 유력 정치인이었던 안희정의 위력이 존재함을 인정하지만, 이번 사건에서 그것이 행사되었다고 말할 수 없다고 썼다. 그리고 피해자의 범죄 피해 이후 모습이 일반적인 성폭력 '피해자답지' 않았다는 점, 몇몇 범죄 상황에서 적극적인 저항 혹은 회피의 모습을 보이지 않았다는 점 등을 들어 무죄 선고의 이유를 밝혔다. 간음의 책임을 피해자에게 물은 것이다. 재판 초기부터 일관된 진술을 보여준 피해자의 발언은 판결문에서 거의 채택되지 않았다. 반면 입장을 번복하며 증거 인멸까지 시도한 가해자의 진술은 적극적으로 반영됐다.

유죄를 확신했던 사람들은 좌절함과 동시에 분노했다. 공교롭게도 1심 선고일인 14일은 일본군 '위안부' 피해자 기림일이다. 1991년 8월 14일 김학순 할머니는 일본군에 의한 자신의 전시 성폭력 피해 경험을 세상에 폭로했다. 김 할머니를 비롯한 피해자 할머니들은 일본 정부의 진심어린 사과를 동반한 적절한 피해보상과 우리 정부의 적극적인 대응을 요구하며 진상 규명 운동에 힘썼다. 하지만 문제는 지금까지도 명확하게 해결되지 않았다. 일본 정부의 안일한 태도와 우리 정부의 미온한 대응이 지난한 문제해결에 한몫했다. 법으로도, 정부로부터도 제대로 보호받지 못한 할머니들의 상황은 이번 안희정 성폭력 사건의 피해자와 겹쳤다. 사법부는 가해자에게 무죄를 선고한 이유로 법 조항의 부재를 슬며시 들이밀며 책임 소지를 입법부로 돌렸다. 하지만 업무상 위력 등에 의한 간음을 처벌하는 형법 제 303조[60]가

---

[59]. 여성과 남성이 지닌 생물학적, 사회문화적 경험의 차이 때문에 특정 개념, 정책 등이 특정 성에 유/불리하지 않은지, 성역할 고정관념이 개입되어 있지 않은지 검토하는 관점. 출처 한국여성과학기술인지원센터 충청권역사업단 보고서 [60]. 제303조(업무위력 등에 의한 간음) ①업무, 고용 기타 관계로 인하여 자기의 보호 또는 감독을 받는 사람에 대하여 위계 또는 위력으로써 간음한 자는 5년 이하의 징역 또는 1천500만원 이하의 벌금에 처한다. 〈개정 1995. 12. 29., 2012. 12. 18.〉 ②법률에 의하여 구금된 사람을 감호하는 자가 그 사람을 간음한 때에는 7년 이하의 징역에 처한다. 〈개정 2012. 12. 18.〉

2018. 08. 14. 미스핏츠

분명 존재한다. 재판부의 입장대로 처벌을 위해 새로운 법이 필요하다면, 미투 국면 이후 관련 법안이 제대로 국회에서 처리된 적이 있는지, 느리기만 한 입법 진행 과정에서 보호받지 못하는 성폭력 피해자들의 위치를 고려해봤는지 먼저 묻고 싶다.

선고 후 8월 25일로 예정되어 있던 미투끝장집회는 18일로 급히 앞당겨졌다. 유죄 선고를 환영하는 날이 될 줄 알았던 집회는 상식 밖의 판결에 분노한 사람들의 외침으로 가득 찼다. '안희정은 유죄다'와 '사법부도 유죄다'가 앞뒤로 적힌 플랜카드도 서울역사박물관 앞을 꽉 채웠다. 사람들은 집회 공간을 제한했던 경찰 측 펜스를 중앙 도로까지 확장시키며 식지 않는 분노를 강하게 보여줬다. 발언대에서 이번 사건에 대해 전문가 소견을 재판부에 보냈던 권김현영 여성주의 연구활동가는 114페이지의 판결문에서 여성주의 언어들이 원래의 의미를 잃고 판사의 자의로 분절, 해석되었다고 말했다. 덧붙여 판결문 자체가 철저하게 가해자 입장에서 서술됐다고 전했다. 현장에 직접 오진 못했지만 김지은 씨도 대리인을 통해 자신의 입장문을 전달했다.

"위력은 있지만 위력은 아니다. 거절은 했지만 유죄는 아니다. 합의하지 않은 관계이나 강간은 아니다. 원치 않는 성관계는 있었으나 성폭력은 아니다. 그때는 미안했지만 지금은 아니다. 뭐가 아니라는 것인가요? **바로 잡을 때까지 이 악물고, 살아내겠습니다. 여러분 도와주세요.**"

피해자의 죽음만이 진정한 '피해자다움'으로 인정되던 과거에서 벗어나는 힘 있는 발언이었다. 물론 지금의 사법부가 그 시절 '피해자다움'에서 그리 멀어진 것 같지 않다. 집회에 참석한 모두가 이에 공감하고 있었다. 1차 발언이 끝나고 행렬은 광화문을 지나 종로, 인사동을 거쳐 다시 역사박물관 앞으로 돌아왔다. 1시간 반이 넘는 시간동안 사람들은 끊임없이 '안희정 유죄'를 외쳤다. 이번 안희정 위력 성폭력 사건뿐만 아니라 다른 성폭력 사건들에 연대하는 구호도 있었다. 안희정도, 고은도, 조재현도, 김기덕도, 이윤택도, 안태근도 가해자로 차례차례 호명됐다. 도심 행진이 끝난 후 행렬 앞에 뜨거운 횃불이 등장했다. 이대로 끝나지 않을 것이라는 강력한 투쟁 의지를 상징하는 불꽃이었다. 횃불을 들지 않은 사람들은 핸드폰 플래시로 연대의 메시지를 던졌다. 우리는 멈추지 않을 것이라고, 내가 김지은이라고, 피해자는 온전히 일상으로 돌아갈 수 있어야 한다고 모두가 말했다.

검찰은 8월 20일 1심 무죄 판결에 불복하며 항소장을 제출했다. 1심에서 위력이 너무 좁게 해석되었다는 점, 기존 관련 판례와도 일치하지 않는다는 점, 피해자의 진술만을 일방적으로 배척했다는 점, 전문심리위원들의 의견을 재판부가 제대로 판단하지 않았다는 점 등이 주요한 이유였다. 여전히 이번 사건에 대한 여론의 관심은 뜨겁다. 이전에도 언급했듯 이번 사건의 최종 결론은 앞으로 관련 성폭력 사건들의 판결 기준이 될 것이다. 또한 미투 관련 입법 사안들이 더욱 활발하게 논의되도록 하는 기폭제가 될 것이다. 긴 싸움이 다시 시작됐다. 이겨야만 하는 싸움이다. 1심 무죄 판결이 많은 이들에게 좌절을 안겨주긴 했지만, 그를 뛰어넘는 강력한 투쟁과 연대의 불꽃에 기름도 함께 끼얹어줬다. 다양한 형태로 싸움은 지속될 것이다. 18일 집회 발언대에 섰던 최영미 시인의 페이스북 발언을 마지막으로 언급하며 다시 한 번 신발

끈을 묶어본다.

"싸움이 시작되었으니, 밥부터 먹어야겠네요."

OUTRO

반성폭력 운동, 미투운동, 백래쉬, 퀴어와 페미니즘의 교차성을 한 글에 담아내는 과정은 쉽지 않았다. 각 문제 지점의 연관성을 찾아 잇는 게 복잡하기도 하고 현재 진행형인 이야기들이 나를 괴롭게 하기도 했다. 특히 과거에 있었던 일들을 정리할 땐 그래도 지금은 많이 나아진걸까 생각하다가, 안희정 전 충남도지사가 무죄 선고를 받는 모습을 지켜본 순간엔 잠시나마 이 모든 게 무슨 의미가 있나 싶었다. 그럼에도 희망을 잃지 않을 수 있었던 건 함께 하는 이들이 있었기 때문이다. 이러한 문제에 같은 목소리를 내는 사람들이 언제나 옆에 있을 것이라는 믿음이 생겼다. 분명 지금보다 더 말도 안되는 일들이 벌어질 수 있다. 반복되는 상황과 싸움에 소진되어버릴 수도 있다. 그럴 땐 옆 사람들을 믿고 잠시 쉬어도 된다. 든든하게 빈 자리를 채우고, 다시 돌아왔을 때 누구보다 반갑게 반겨줄 사람들이 있다. 나도 그런 사람들 중 하나로 오랫동안 살아볼까 한다. 지금처럼 공부하고, 글을 쓰고, 같이 싸우면서.

"일단 밥 먹고, 디저트 해치우고, 이왕이면 맥주도 한 잔 합시다. 갈 길이 머네요."

UTOPIA

UTOPIA 공식 로고

페미니스트 사진작가 그룹 '유토피아'의 사진 이미지와 코멘트를 함께
담았습니다. 학교에선 많던 사진 전공 여학생들이 업계에 나가면 거의
사라져버리고, 여성 모델에 대한 획일화된 미의 기준이 만연하는 이상한
풍토를 넘어 '유토피아'가 찍어낸 페미니즘 사진을 여러분께 전합니다.

"제 사진은 제 얘기거든요. 제 얘기가 또다른 많은 여성들의 얘기이기도 하죠.
'여성'으로 호명되고 내가 '여성'으로 주어진 삶을 살아야 한다는 불안감과
이질감, 그런 류의 제가 싫어하는 것들을 담는 작업을 하는 것 같아요."
"조금 더 주체적인, 하나의 숨쉬는 인간으로서 그려내 보고자 하는 목표를
가지고 작업을 하고 있고요."

"'페미니즘 사진'이라는게 저는 조금 무게감이 있는 거예요. 내 사진이 혹시
다른 사람에게 상처가 되진 않을지. '유토피아'가 만들어내는 이미지들 그리고
그런 작업물들이 조금 더 많은 여성분들의 목소리를 담을 수 있는 장이 되고
팀 이름대로 '우리의 유토피아를 만들자' 저희가 꿈꾸고 지향하는 유토피아가
실재할 수 있게 되길 바라요."

- "한국에서 '페미니스트 사진작가'로 산다는 건" 유토피아 인터뷰 중 발췌, 한국일보 프란 - Pran, 2018년 4월 26일, www.
facebook.com/PRAN.issue/videos/1849121131874078

페이스북 - facebook.com/2017utopiaproject
트위터 - @2017_utopia

Me like me

Look at me just like me this is the way I live. I do as I like.

곽예인

안녕하세요. 곽예인입니다.
규제당하지 않는 자연스러운 존재들을 애정하며, 이러한 존재들을 그러모아 담고 엮습니다.

'10년만 더, 페미니즘의 대중화가 빨랐더라면 엄마가 죽지 않았을지도 모른다'로 시작한 생각이 '사회가 규정한 틀에 갇혀 본인을 잃는 삶이 없어졌으면 좋겠다'라는 신념을 만들게 되었습니다.

존재들이 존재 그 자체로 살아갈 수 있는 세상을 바라며 남성 서사의 습자지에 한 획을 휘갈기고자, 여성이라는 존재를 존재하는 여성으로 담고자합니다.

"내면의 아름다움과 외모의 아름다움"
Feminism Is For Everybody
_Bell Hooks

자신이 자신답게,
어떤 틀에도 갇히지 않은 모습으로

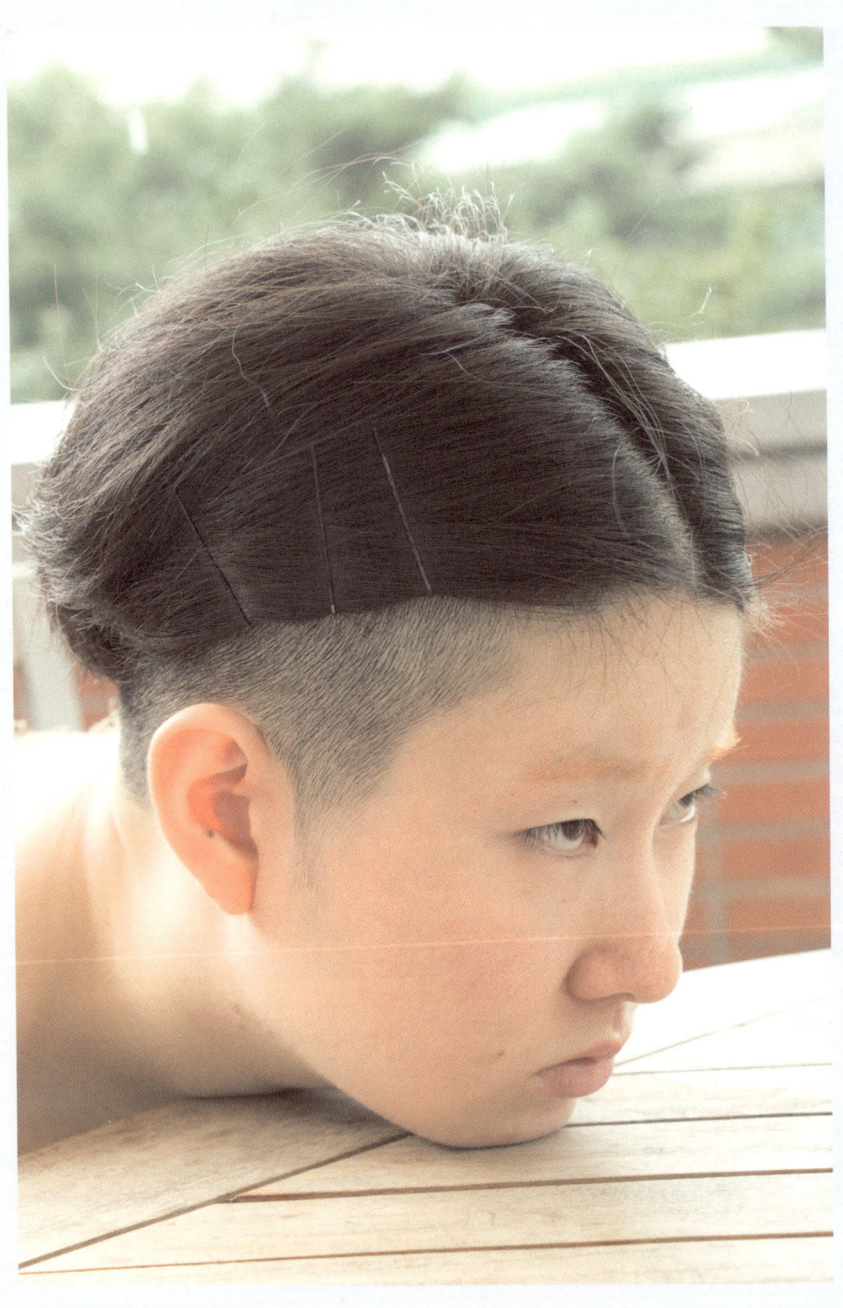

On my own_연재 도인 주연 도예 지혜

'나' 자신으로 존재하길 바랍니다.
틀에 얽매이지 않은, 우리 각자만의 자연스러운 모습을 포착하여
이야기하고 싶었습니다.

페미니즘을 응원하는 다섯 명의 20대 일반인 여성들과 함께 진행하게
되었으며, 삽입된 자막은 이 사회를 살아가는 한 주체로서의 다섯 명이
전하는 직간접적인 메시지입니다.

작업 과정 중 책 『모두를 위한 페미니즘』(저자 벨 훅스)의 "외면의
아름다움과 내면의 아름다움"이라는 문장이 머리에 자주 떠올랐습니다.
각 곳에 계신 모두에게도 이 작업을 통해 문장이 닿아가길 바랍니다.

김분홍

자유를 갈망하는 분홍입니다. 애써 살아가는 잔상속에 함께하고 있고,
그래서 아픔에 살아있음을 느낍니다. 그 속 가까이 포착한 작업이 어떠한
창구 역할이 되길 바라봅니다. 살아내는 무언가에 대해 집요하게 고민하며
목소리를 내고 본인을 비롯한 사람들의 가슴을 울리고 뜨겁게 만드는
메시지를 던지며, 그것이 작더라도 확실한 창으로 열리기를 바랍니다.

JEAN & JANE

BLACK SINGLE WEDDING

FEMINISM PHOTOGRAPHY PROJECT " UTOPIA "

Black single wedding

신부의 흰색 웨딩드레스는 '신부가 순결하지 않으면 웨딩드레스 색이 변한다'는 말이 있을 정도로 처녀성을 상징하는 명백하고 공개적인 선언입니다. 이러한 순결 이데올로기는 가부장제 하에서 '혼전 성관계를 가진 여성'과 '가지지 않은 여성'을 구분해 낙인찍고, 교환가치를 부여합니다. 순결 이데올로기가 이토록 자연스럽게 사회에 녹아있는 한 여성들은 결코 자유로울 수 없습니다. 이 사진을 통해 그 안에 내재된 여성 몸에 대한 엄격한 통제와 억압에 대해 문제를 제기하고 싶습니다.

김재인

사람과 사람이 만나는 것이 낯선 두 세상의 접촉이라면, 사진은 단지 평면으로 국한되지 않는, 어딘가 혹은 어디에나 존재하는 세상의 파편일 것입니다. 그 짤막한 세상 안에서 생애는 정지하지 않고 여전히 이야기는 흐르고 있습니다. 어떤 서사는 결코 시간에 의해 열어지지 않습니다. 바로 그 한없는 기억과 여상한 감정들, 잦은 침식에도 단단히 언어들을 지극히 사적으로 기록하고, 또 그 호흡들을 외부로 흘러보내 우리의 통로를 잇고자 사진을 찍습니다. 제 세상이 부디 당신께 아주 넓고, 또 좋게 다가가기를 바랍니다.

About body - 사실은 우리의 것이 아니었던 소유물에 대하여

다양한 사람들과 함께 우리 신체의 자유에 대해 조명하는 작업입니다. 즉흥적인 모션과 표정을 극대화시키기 위해 외부 디렉팅을 거의 하지 않습니다. 카메라 앞에서 모델은 자아와 그 그릇을 마주하게 되고 사진의 주체로서 자유로운 이미지를 구성하게 됩니다.

김지혜

안녕하세요. 유토피아의 지혜입니다. 김우주먼지라는 활동명으로 필름 사진을 찍고 있습니다. 오래되고 잊혀진 것들을 직관적인 시선으로 담는 것에 매력을 느끼며 퀴어이자 페미니스트인 저의 경험들을 작업에 녹여내려고 노력하는 중입니다.

관심을 가진 사람은 꼭 사진으로 담아야 직성이 풀려서, 주로 지인들과 연인을 모델로 한 사진작업이 많습니다. 필름을 자주 사용하는 것은 우주의 먼지 같은 기록들을 수집하는 행위입니다. 사진이란 삶의 조각이라고 생각하기 때문에 일기를 쓰듯이 찍습니다.

너의 인간 / 화장당하는 사람들

사람들이 여성에게 던지는 미의 기준에 대한 이중성과 잔인함을 보여주는 작업을 시도하고 있습니다.

'너의 인간'에서는 보지와 자궁의 틀 안에서 전리품으로 조립된 인간에, '화장당하는 사람들'에서는 꾸밈노동을 강요받으며 화장을 당해야만 하는 화장터 불길 속 사람들의 형상 속에, 자화상 'Mx. Pho' 속에서는 여성으로 만져지는 제 몸에 대한 이미지를 보여주면서, 타인의 의지로 조작되는 삶이 얼마나 이질적인 것인지에 대한 메시지를 담고 있습니다.

이러한 메시지들을 통해서 사람들에게 '당연한 것'들에 대한 모순점을 보여주고 위기감을 주는 것이 목적입니다. 그렇게라도 한국에서 태어난 여성 '하영'이, 유토피아에서 자유롭게 유영하는 '쌀국수'로 살 수 있도록 발버둥치고 있어요.

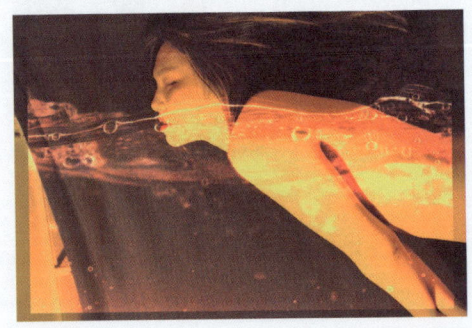

김하영

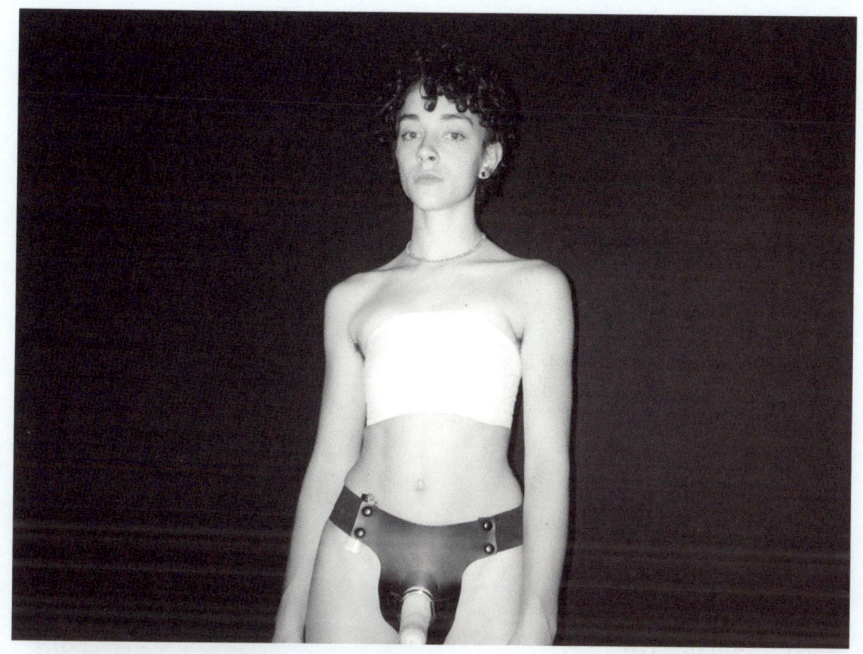
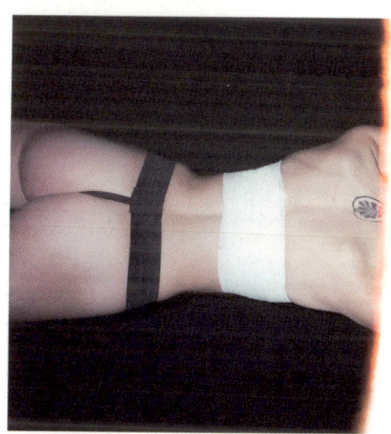

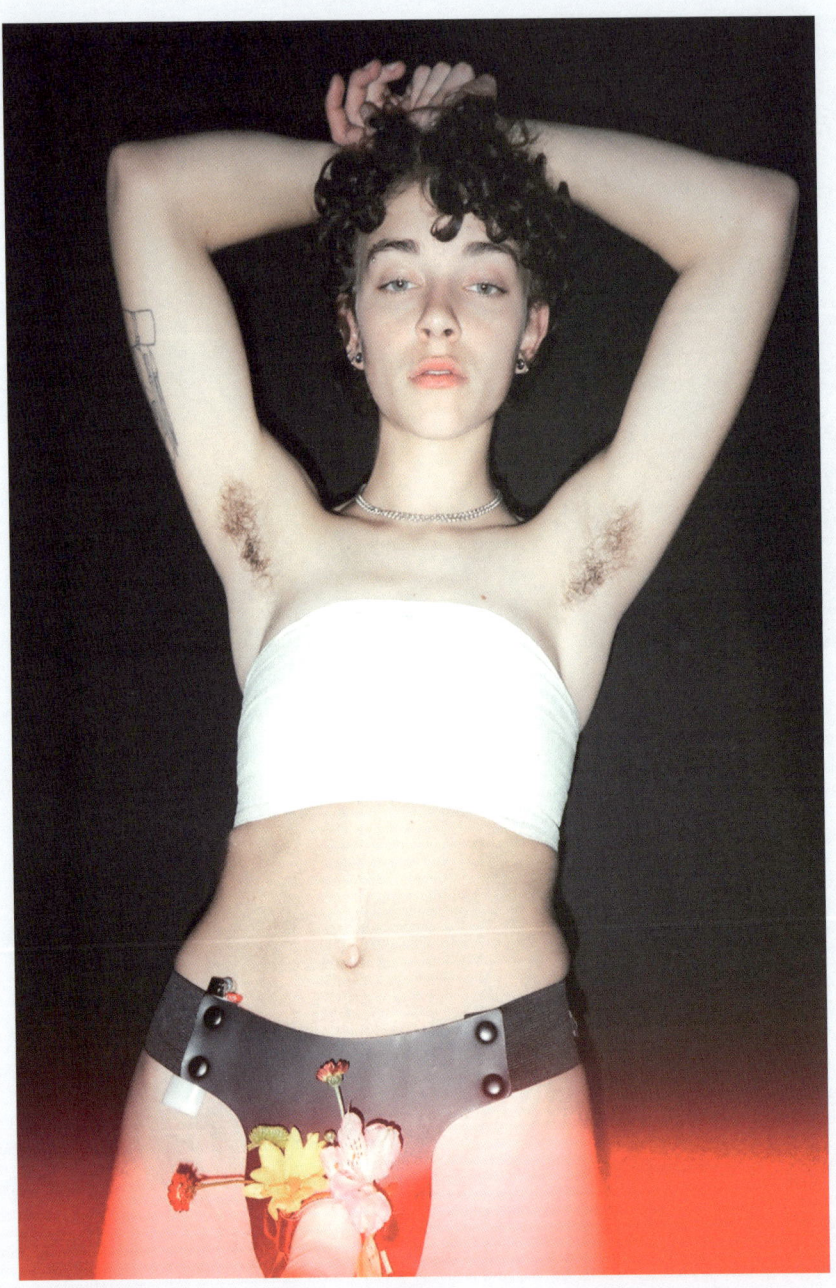

Pindle

페미니스트 퍼포먼스 아티스트이자 친구인 Sienna Broglie 와의 협업 작업입니다. 플리마켓에서 발견한 딜도로 틀을 만들어 캔들 왁스를 부어 만들어 착용한 '페니스' 를 이용한 퍼포먼스입니다.

김효원

한국에서 태어나 현재는 시카고 예술 대학에서 공부하며 작품 활동을 하고 있습니다. 영화를 기반으로 비디오 아트, 사진, 3d 디자인 등 장르의 영역을 넓혀 가며 작업활동을 하고 있는중입니다. 스스로의 내면적 탐구와 문학적 스토리텔링, 그리고 환경적 요인을 통한 복합적인 영향을 받습니다. '나' 라는 사람의 정체성과 역할, 그리고 스스로가 만들어내는 이미지에 대해 끊임없이 생각하고 탐구 중입니다.

www.hyokim.com

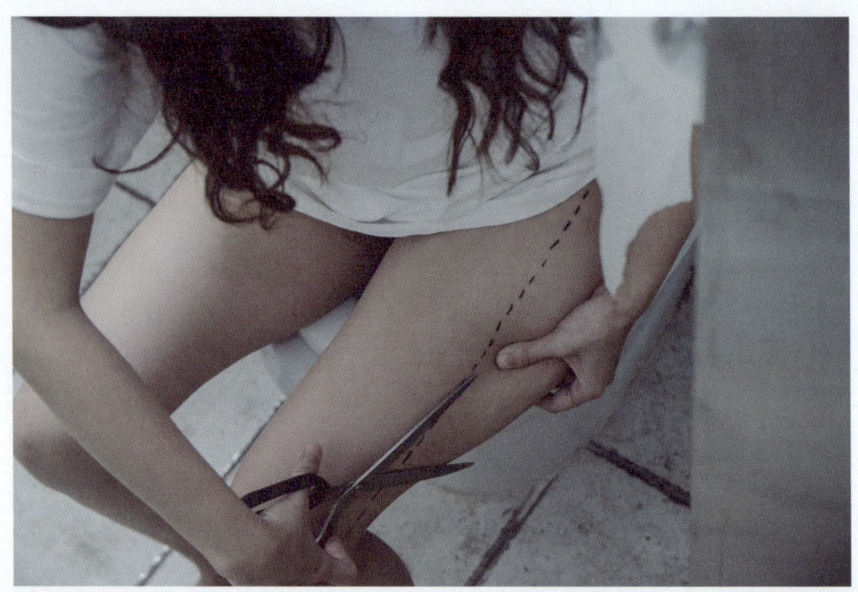
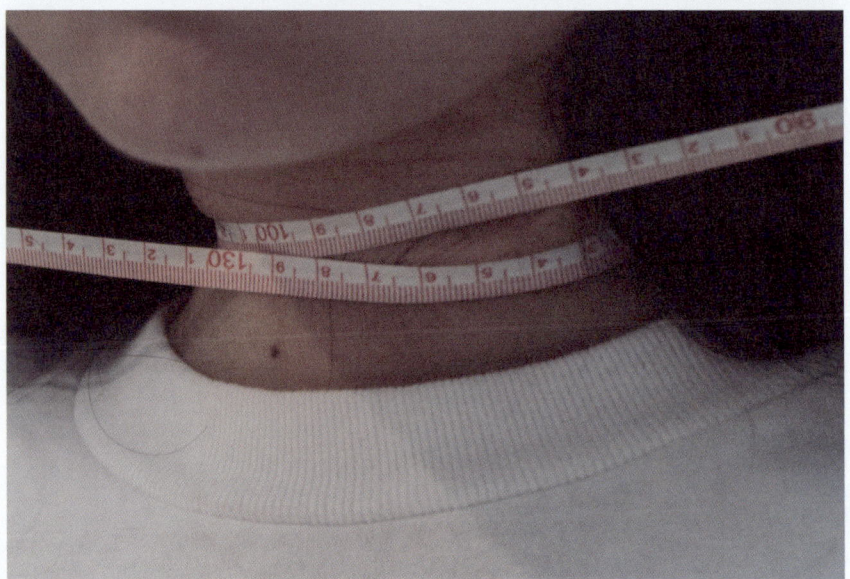

DIE(t)

언젠가 '변기에 앉으면 허벅지 살 퍼지는 거 다 잘라버리고 싶다'는 말을 유머로 쓰는 것을 본 적이 있어요. 저도 늘 그런 생각을 해서, 처음엔 그냥 공감되고 웃기더라고요. 근데 이걸 많은 여자들이 웃으며 공감하는 게 슬펐어요. 재미있게도 diet라는 글자에 t만 빼면 die가 돼요. 우리 사회에서 너무 많은 여성들이 다이어트로 인해 식이장애를 비롯해 죽음까지도 이르러요. 그래서 DIE(t)라는 제목을 붙이고 작업을 하게 됐어요.

박이현

안녕하세요. 사진 찍는 퀴어 페미니스트 박이현입니다. 페미니즘을 공부하며 모든 종류의 혐오에 반대하는 사람입니다. 제가 당장 느끼고 경험하는 것들에 대한 이야기를 하고 있습니다. 사진 속에 등장하는 모델의 모습은 제 자신을 투영합니다. 때로는 사진을 보는 여러분의 모습을 찾을 수도 있습니다.

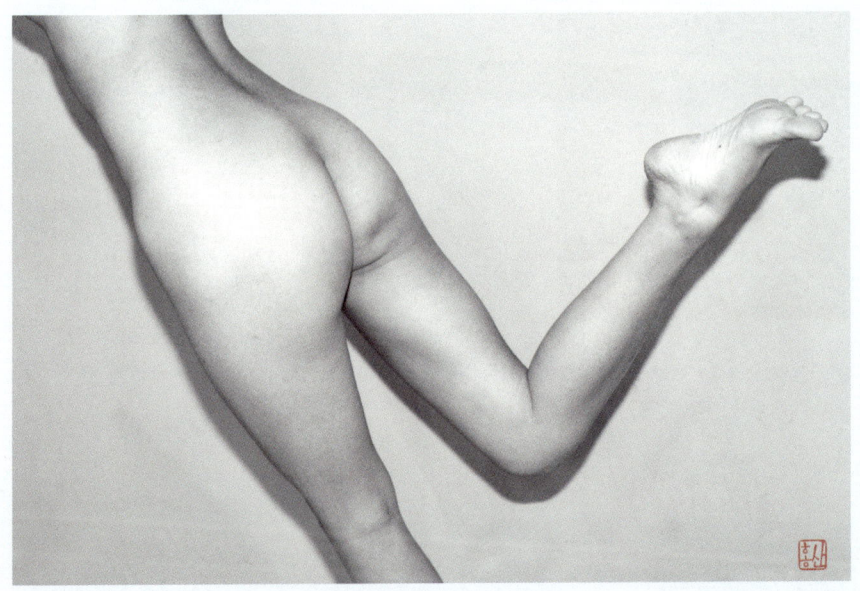

형

여체의 형이 사회적으로 함의하고 있는 억압적이고 폭력적인 맥락을
제거하고 그 자체로서의 자유로움을 그려내보고자 했습니다.

홍산

매 순간을 살아내기 위해 투쟁하는 존재들에 대한 애정을 기반으로
창작하는 산입니다.

너무나도 절박하게 살아내야만 하는 순간의 절망적인 반짝임이
기억되기엔 우리의 존재는 한없이 보잘것없기에, 흘러가야만 하는 시간을
붙잡아 그 아름다운 절망감을 상에 새겨보려 사진기를 들었습니다.

제가 살아내어온 시간들은 모든 존재가 그렇듯 수없이 상처받고 수없이
상처주며 엮어온 길입니다.

어떤 존재들이 잘 알지 못해서, 잘 보지 못해서, 잘 듣지 못해서 무심코
내뱉은 숨결이 돌이킬 수 없는 칼날이 되어 어떤 존재들을 난도질하곤
합니다.

제가 살아 내어갈 시간들은 제 곁에 숨 쉬는 존재들을 위하여
내뱉어버렸던 숨의 결을 되새기며, 조금 더 아파하며 조금 더 강해지고,
조금 더 알아가며 조금 더 따뜻한 어떤 존재로 거듭날 길입니다.

작품들 안에서는 제가 사랑해 마지않는 보잘것없는 존재들의 찬란한
시간을 상 안에 잡아보려 했습니다.

제가 사랑하는 존재들이 이루어준 저의 세계가 당신에게 어떤 의미로
다가갔으면 하는 작은 바람을 실어 보냅니다.